社會人文456

靜下來，才知道人生要什麼

洪蘭——著

目錄

品格——正確價值觀的基石

學習——未來成長的關鍵

智慧——社會進步的原動力

自序

一位住在德國的朋友來信說，她花了二十年工夫，終於了解為什麼德國這個二次世界大戰的戰敗國，能夠很快的站起來了。她說答案只有一個，就是全民閱讀。她在公車、地鐵、機場、餐廳，任何地方都看到德國人在讀書。國民的水準是國家的競爭力，德國有今天跟他的國民每天不斷地吸收新知有關，所以特地寫信來，叫我繼續推廣閱讀。

她的信令我啼笑皆非。台灣的現況是說什麼都沒用，是狗吠火車，白花力氣，沒人在聽。倒是不久以前去匹茲堡開會時，我聽到一些報告，體會到閱讀對一個國家的重要性，尤其在機器人的時代。

這個會議的與會者是各個領域的心智研究者。開會是個勞民傷財的事，為什麼要花時間和金錢把大家聚在一起？因為「用昨天的方法，去教今天的孩子，會耽誤他明天的前途」。其實，用今天的方法都無法教出可就業的學生，更何況明天的學生？因此會議分兩部分，一是討論如何教學習（learning how to learn），二是討論要教什麼內容，才能面對二十一世紀的挑戰。

學者們一致認為，既然孩子出社會所要用到的知識還未發明，他們要做的工作也還未出現，目前除了替學生打好吸收新知的基礎外，最重要就是培養所謂的「六C」能力了。

六C是六個C字母開頭的英文字：合作（Collaboration），溝通（Communication），內容（Content），批判性思考（Critical Thinking），創新（Creative Innovation）和自信（Confidence）。這個六個C中，內容最重要，因為沒有內容就無法做批判性思考，而內容來自閱讀，因為眼睛是吸取訊息最快的方式。所以，作為現代的學生，一定要有快速吸取訊息和正確表達自己意思的能力。也就是說，閱讀是國家第一要重視的。

有了閱讀能力才能有效地溝通，因為閱讀會帶來同理心。核磁共振的大腦圖顯現閱讀同一文章時，有閱讀習慣的孩子，他們大腦活化的部位不同，血流量也不同。

有閱讀能力才能大量吸收新知，做出批判性思考。而批判性思考是創新的必要條件。自信放在最後，因為自信不是從天下掉下來的，知識的確是力量，當孩子有知識，有創新能力時，他自然有自信。

這場演講雖然只有一個小時，但是清楚的指出二十一世紀教育的方向。人若不要被機器人取代，人必須更像人，更有人文素養，更有同理心，因為機器人不會替你擦眼淚。也更要能跟別人溝通，能跟別人分享，因為緊握拳頭是抓不到東西的。

一場好的演講令人沉思，回到台灣看到這本書的校稿，裡面都是這幾年來社會上一些不應該出現，或需要被注意的現象。其中很多是只要人們肯看書，有知識，懂批判，這些匪夷所思的事情就不會發生。

星火燎原，蟻穴潰堤，小洞不補，大洞補不了。作為一個知識份子，現在是「道不行，乘桴浮於海」的時候了，但在離去前，還是很希望自己能做一點事。韓愈說「化當世莫若口，化來世莫若書」，我不看電視也不看電影，奮筆直書，因為教育是國家的根本，當世來世，能做多少算多少。

教養——人生成功的金鑰

靜下來，才知道人生要什麼

一位老師很憂心地對我說，現在的孩子愈來愈浮躁，靜不下來，他們無法完整地聽進一句話，常常只聽一半，有時中間漏掉，頭尾不銜接也不自覺，所以做事會出錯。甚至有些大人也是一回家就立刻把電視打開，不管看不看，一定要有聲音，沒有聲音就會心慌。她問：這種無時無刻都要有聲音陪伴，不能靜處的情形該怎麼辦？

英文的「alone」和「lonely」雖然都可以指稱是一個人，但意思很不同。你可以在很多人的場合覺得寂寞，或是獨自一人而不覺得寂寞，端看你的修養。一個國家若是大人小孩都定不下心，社會將躁動不安。難怪報紙天天有按一聲喇叭就要下車砍人的新聞。華人一向喜歡熱鬧，好像喧鬧就是有人氣，其實寧靜才能致遠。

一九九六年，北京的佛樂團去德國參加世界宗教音樂節。他們的節目排在日本的尺八（即洞簫）獨奏之後。當中國大陸的團員在後台大聲喧嘩時，日本的演奏者默默地在角落打坐，他的兒子在旁侍立。快開演時，日本音樂家徐徐起身，他的兒子托著一個繡有族徽的禮服跪在他面前，他向族徽行禮後，兒子恭敬地幫他穿上禮服，這一切都在無聲中進行。他穿好禮服後，走向舞台中央，跪坐下來，低頭一言不發兩三分鐘。所有的觀眾都感受到這個沉默的力量，大家都安靜下來，屏息凝氣等待。

當日本音樂家把尺八放到嘴邊開始演奏時，那個嗚咽聲彷彿從遙遠的時空深處傳來，讓人產生「前不見古人，後不見來者，念天地之悠悠，獨愴然而涕下」的感覺。整個舞台就他一個人，吹著在中國絕大部分地方都已失傳，只保留在南管中的洞簫；沒有任何伴奏，沒有任何陪襯，卻一點都不冷場。當他吹完，起立行禮時，觀眾如夢初醒，掌聲久久不歇。

輪到中國大陸團上場表演時，他們有笙、管、笛、木魚，加上鼓、鐃鈸和鑼，是正宗的佛教音樂，他們也演奏得很好，但效果卻不及日本表演者的獨奏。會後一個歐洲學者說：「在日本的尺八中，我聽到了禪意，在中國的音樂中，我只覺得吵，不見佛意。」這個吵趕走了佛教音樂應有的悠揚。

我們常常忽略了靜的重要，現在許多教室都配有擴音器，怕坐在後面的學生聽不見，其實，專心才是聽見的主要原因。有一次我去一所國中演講，在走廊上就聽到各班級的授課聲，為了要蓋過隔壁班的音量，老師只好開得更大聲。擴音器不但不能幫助孩子學習，反而造成干擾。其實聲音愈大，孩子愈不需要專心聽，於是就愈聽不見，反而是聲音不大時，為了要聽見，大家都會靜下來。一九五〇年代的教室沒有麥克風，而且一班有六十四人（不像現在小班才三十人），我們也一樣讀完了中學，沒有少聽到什麼。

我們要想辦法讓孩子把心靜下來，靜下來，才聽得見天籟；靜下來，才聽得見自己內心的聲音；靜下來，才知道自己的人生要什麼。

被尊重的孩子才懂得自重

一個朋友自己省吃儉用，幾乎到了刻苦的地步，下雨天沒帶傘都捨不得叫計程車，卻給孩子買最新型的蘋果手機，是典型為孩子而活的媽媽。某天，她在打掃時無意間發現了兒子的日記，偷看後差點崩潰，因為上面記載的都是她跟孩子的衝突——媽媽罵兒子的話、管的事；對她為孩子的犧牲與照顧卻一字不提。她問：為什麼滿紙都是怨，沒有一個感恩的字？

這是個很有趣的問題，人永遠記得別人欠自己的債，卻不記得自己欠別人的錢。歷史上忘恩負義的人多，感恩圖報的人少，手邊能想起的好像千古只有一個搜孤救孤的公孫杵臼和程嬰，而辜負趙五娘、秦香蓮、杜十娘等的人比比皆是。

其實這有演化上的關係，演化比較偏向悲觀，因為它要人們未雨綢繆，不要船到橋頭自然直，萬一不直，船翻了、人死了，基因就傳不下去了。所以我們常會早上起床無緣無故心情不好，發「起床氣」，英文叫做「下床下錯邊」（get out of bed on the wrong side）。這時因為心神不定，人就會到處走走，看看屋頂有沒有漏、門窗有沒有門牢、家畜有沒有關好，這樣走一圈下來心情就好了，因為例行動作會壓抑杏仁核的活化，使心情回復正常。因此女生心情不好會去逛街、清房子、整理抽屜；男生會去打籃球，做這些看似有目標，但其實不用動到什麼大腦的事。

人從演化中學會了對不好的事要牢記在心，不可忘記，因為大自然是無情的，它不會給你第二次機會。如果上次去打水差點被老虎吃掉，那這次最好換個地方打水，如果不能記取教訓，被老虎吃掉了，你在演化上就失敗了。

求生存的力量使得大腦對地點和順序的記憶，登錄到基因上。在實驗上，科學家給受試者看上百張圖片，請他們判斷圖片上的物體有生命還是無生命，然後再隨機兩兩出現這些圖片，請他們判斷哪張出現在前、哪張出現在後。結果發現，他們雖然沒有特意記住出現順序，卻能夠相當正確地作出判斷。在平日生活上，考填空題時，我們可能不記得答案是什麼，卻記得它在書的某一角；若曾在某個角落撿到過一百元，下次再經過時，大多數人都會不自主地低下頭看，還有沒有一百元可撿。這跟我們的祖先在某處採過很甜的漿果，下次再去同一個地方就會有東西吃，是一樣的道理。大腦對凡是跟生存有關的訊息，是不花力氣就記住了。

話說回來，我勸朋友不要難過，記仇不記恩是大腦的本性，辦教育就是為了要使人超越動物的本性。父母對子女的犧牲是為了使基因傳下去，所以人對兒女比對父母好，那是自然定律，不必自怨自艾。

現代青少年把隱私看得比天還大，父母不要去扮偵探，有話跟孩子好好講，你把他當大人看待，他就會以大人的態度來回報你。青春期孩子最渴望的是父母的尊重，一個被尊重的孩子才會自重，當孩子懂得自重自愛時，他就能從心所欲不逾矩，你對他的教養就完成了。

規範，是在建立孩子的安全感

最近看到一本書，教導父母如何與孩子「協商」做功課和做家事，不禁有些驚訝。父母怎麼需要和孩子協商功課和家事呢？做功課是學生的本份，做家事是子女的本份，父母是「要求」和「規範」他們做，而不是「協商」去「懇求」他們做。

現在社會觀念有很多偏差和混淆，常常在報上看到沒有倫理道德、長幼無序的新聞，如今更有台北市長放話要將總統移送法辦的新聞，更是令人愕然。總統是全民選出來的，市長只是該市市民選出來的，在權力和地位上都不相當，而且市長不是檢察官，人民沒有賦予他移送法辦的權力。我不知道他如何在沒有任何犯罪證據之下，去移送一位總統。

台灣一味的講民主與自由，卻沒有去培養民主和自由背後的自律和尊重，濫權的結果是社會一團亂，誰都可以跳出來罵人；沒有實質證據也可以捕風捉影、汙蔑別人貪汙，毀損別人累積一生所建立起來的名譽而不必負任何刑責，真是令人搖頭感嘆。許多人只顧字面上的民主、自由、平等，沒有細想它背後的意義，所以常發生一些匪夷所思的事情。

之前中壢曾經限水，供五停二，有個朋友跟我抱怨她不該生三個小孩，大人的決定都被孩子否決了。原來因為停水，家中不能燒飯，所以外食，在決定去哪裡吃晚餐時，父母要去的地方都被孩子以三比二否決掉了，所以連吃了兩天的鹽酥雞。我聽了很驚訝，忍不住問她說：「你的公民是怎麼念的？未滿十八歲沒有投票權，你怎麼會把關係全家健康的大事付諸表決，然後再被否決？」孩子心智未成熟，所以沒有投票權，在這個時期需要聽成年人的話，成年人有監督和保護的責任，不然怎麼叫「監護人」？如果放任心智未成年的人讓他們自己決定，父母是失責的。

現在很多父母，以為放任孩子是「前衛」、「先進」、「現代化」的行為，其實這是偷懶與不盡責的表現。古人說「玉不琢不成器，人不學不知義」，孩子要教才會，很多已出社會就業的成年人，碰到棘手的事情還是會去請教耆老，因為老人家的經驗和智慧是金不換的。

中國人尊老敬賢，在古代七十歲以上可以吃肉、穿絲綢，皇帝會賜枴杖，這些代表的是統治者對智慧的尊重。孩子的大腦像個未開發的草原，在他小時候，我們引導他走出一條正路，他以後就會循著這條路走。若是隨便他走、誤入歧途，會蹉跎掉很多寶貴的光陰。

人類是透過被人管理才學會管理自己，一開始沒有外在的控制，內在的控制也不會產生，父母所制定的規矩和限制並不會讓孩子感到難受，相反的，這會形成一種規範，讓他們有安全感。

現在很多觀念都顛倒了，孩子是要管教的，做生意才是協商的，就像學習是辛苦的不是快樂的，是學會才會快樂。

成功之鑰——找回內心的召喚

我去蘇州演講時，在機場碰到一位來蘇州視察自己工廠的朋友，因為我人生地不熟，他便邀我一同用晚餐。在吃飯時，他的廠長一邊吃，眼睛一邊盯著手機。我心想，大老闆在座，怎麼敢做低頭族呢？再一看，所有台幹皆低頭，只有陸幹在大吃。正疑惑間，廠長突然舉杯大叫一聲「乾杯！」我嚇了一跳，發現全體台幹笑顏逐開，個個一飲而盡，才知道那天中華隊在日本打世界盃棒球經典賽，剛剛得了一分。

後來跟廠長聊天，廠長說日本人非常挑剔，產品只要有一點瑕疵，就整個貨櫃退貨，還寫不客氣的信來指責，因此他們發憤圖強，把整個工廠的衛生和品管弄得滴水不漏，讓日本人無可挑剔。他很自豪地說，他們的食品得到日本認證，是中國大陸不必經過檢查就可出口的二十七家工廠之一，也因為被最嚴苛的國家認可，他們的商品可直銷歐洲和美洲。他邀我演講完去參觀工廠，我欣然答應，很想知道這位念紡織染料的廠長，是如何研發出各種暢銷口味的蛋撻，尤其是一天可做出五十萬個。

進門後，他要我戴網狀帽束住髮，再加一個連肩帽，因為食物中最忌諱有頭髮。穿上鞋套、長統膠鞋、白色罩袍，洗完手再用酒精消毒後，一女工用滾筒在身上碾過，確定沒有毛髮才准進入工廠內部。我看到廠裡的一切已經自動化，只有蛋撻皮的部分是用人工切，秤重，確定每張皮等重後才擀平，捏成蛋撻皮。既然所有東西都機械化了，為何這部分還是需要人工呢？原來他們的蛋撻皮有五十四層油酥，無法用機器製作，只能靠人工。難怪他們的蛋撻好吃，一般的皮怎麼比得過五十四層油酥？此外，所有食材都是要用時才從冷藏庫拿出來，不給細菌任何滋長的空間。

這家工廠今年要包一千萬個粽子來應端午節之需。因為米中偶爾會有沙子，我看到工人在挑米時，設了三道關口，六隻眼睛仔細看，挑出不應有的雜質。整個過程讓我感到「人必自重，然後人恆重之」，自己先做到無瑕疵，別人再挑剔也沒話講。廠長說得對，抱怨沒用，有本事做給人家看；抱怨就像騎木馬，它讓你有事做，卻不會前進一步。

我跟幾位台幹談了一下，發現沒有一個人是食品營養系畢業（除了老闆的夫人之外，而她卻在銀行上班）。從這方面來講，台灣的教育政策要檢討，所學非所用，是浪費國家資源；從另一方面來說，這又證明大學念什麼其實都沒關係，只要肯學、不怕苦，在職場上一樣能有片天。

我問這位朋友，為什麼員工肯這麼賣命？他說，當員工把工作當成內心的召喚（calling）時，工作就有意義，生活就有目的。職業（Vocation）這個字在台灣常被人瞧不起，其實，它源自拉丁文「Vocatio」，也就是召喚的意思，朋友和他的員工把做出日本人無可挑剔的食品作為他們的召喚，這個召喚使他們成功。任何人若能找到自己內心的召喚，也一定會成功。

不忘初衷

朋友問我：為什麼最近你說話總是會提到令尊？我很驚訝，自己竟然沒察覺到這個現象，可能是到了某個年紀，突然覺得父親過去講的話很有道理，印證很多現在社會上的現象，就不知不覺地把他的話重複出來了。

父母跟孩子說話，孩子不愛聽，因為孩子年輕氣盛，自以為是，覺得自己比父母懂得多。馬克．吐溫說：「當我十四歲時，我覺得我父親竟然如此無知，我完全不能忍受他，但是當我二十一歲時，我突然發現，他在這七年中，竟然成長了這麼多。」人都是事後諸葛，吃了虧才會突然想起，啊！原來這就是父母當年那句話的意思。

人真的是老得太快，成熟得太慢，也因為如此，最近只要想到一些長輩過去說過有用的話，就覺得要趕快教給下一代，免得重蹈覆轍。富蘭克林說，「經驗是一所昂貴的學校，可惜愚蠢的人只能從這裡學到東西。」人若是能從別人的經驗中學到教訓，人生會容易很多。

最近有好幾個過去教過的學生回來看我，他們知道我翻譯書都是自己一個字一個字寫的，沒有叫別人代翻，但是外面有人惡意誣蔑，便相邀一起來給我打氣。他們問：為什麼我可以忍受別人惡意的攻擊而不反駁？我說，因為我父親曾經說過，你不會因為別人的稱讚而變得更好，你也不會因為別人的毀謗而變得更壞，既然你不會因他而改變，又何必浪費時間去處理不值得處理的事呢？我翻譯書是為了介紹新知，日本能在明治維新後強盛起來，一個原因是他們大量翻譯歐洲的科學新知進來，這是我的初衷，我會繼續做，不受流言影響。

人是蓋棺論定，人不可能十全十美，所以有沒有「過」，並不重要，知過必改就好了，能堅持原則到生命的最後才是重要的。《菜根譚》中說，「娼妓晚景從良，一生煙花無礙，貞婦白髮失節，半生辛苦俱非。」晚節不保是最讓人嘆息的事。在歷史上，留名下來的人都是能堅持初衷的人，但初衷常會被社會誘惑所蒙蔽。

一九七五年，著名的基督教布道家葛理翰（Billy Graham）牧師來台灣訪問，世界展望會創始人皮爾斯（Bob Pierce）請他去樂生療養院走一趟，這會提昇樂生療養院的地位，也將使皮爾斯容易為他們募款。但是當葛理翰牧師到台灣時，他發現行程太滿，除了要拜會蔣總統、政府官員，還要上電台廣播與布道演講，實在抽不出時間，軍方甚至派了一架直昇機專門給他趕場。葛理翰牧師很遺憾地告訴皮爾斯，他有行程的優先順序要顧，無法去樂生。皮爾斯聽了沒有生氣，只問了一句：「假如耶穌今天到了台灣，你想他會去哪裡？」結果那天下午，葛牧師便在樂生療養院布道。皮爾斯一針見血點醒了葛理翰牧師他來台灣的初衷。

能保持赤子之心，堅持初衷的人不多，許多人出社會後會忘記初衷，見利忘義的事件太多，值得我們警惕。所以我們要鼓勵孩子多看偉人傳記，這些人之所以名留千古，是因為他們不忘初衷。

教育，讓我們不再是「it」

教改有許多值得檢討的地方，不過最近我發現台灣的教育還是有進步，至少現在的學生比較會思考，也比較敢問問題。

鹿鳴國中老師楊志朗在他的新書《記得閱讀這堂課》中說，學生問他：「老師，『車胤囊螢』，他的時間都花在抓螢火蟲上，怎有時間讀書？『孫康映雪』，遇到沒下雪的日子，怎麼辦？」他很高興學生上課終於不再照單全收。

我上課時也碰到同樣現象，學生問：「老師，你不是叫我們做事要『全力以赴』嗎？為什麼又說『退一步，海闊天空』？你要我們拚命，又要我們不計較，這不是矛盾嗎？」

問得好，這之間差別在於是否「操之在己」，若是，那麼一定要全力以赴，不要因為少做一點而讓自己遺憾終身。人生最痛苦的事是悔恨，所以一定要盡其在我，即使不成，也沒有遺憾。但如果是「操之在人」，那就不可強求，這時要懂得「謀事在人，成事在天」，鑽牛角尖會得憂鬱症。在審查會議時，經常看到一個本來可以通過的案子，只因有一個人出來反對，就不會過了，因為沒有人願意當壞人。凡事即使有九成把握，這不在自己控制的一成，就可能讓事情陰溝裡翻船，所以在台灣做事一定要有最壞的打算。我印象最深刻的是，國家衛生研究院前院長吳成文告訴我，他經歷了六任行政院長才把國家衛生研究院辦起來。「你必須耐心地跑公文，恆心地持續溝通，信心地相信在自己辭世之前，這件事一定可以辦好。」吳前院長說。

為什麼人事這麼難弄呢？人是演化而來的，動物的本性是自私，在大自然中多吃一口可多活一天，但是經過了教育，學會了禮義廉恥，就脫離了動物成為人。英文對嬰幼兒的代名詞是「it」，因為嬰兒沒理性，遵循的是動物生存法則，所以叫「it」。等上了學，有理性了，才是人，這時才用「he」和「she」。所以人需要接受教育，使能超越動物的本性。

有位父親跟我說，他曾在暑假時帶著八歲的孩子去迪士尼樂園，排隊等坐雲霄飛車。當好不容易輪到他們時，他兒子回頭看到一位老太太排在他身後，就對老太太說「您先請」，讓她先玩。他說在那一剎那，他的眼淚奪眶而出。他知道他的孩子長大了，是「he」而不是「it」了。

對人的教育要有耐心、恆心和信心，天下事很少是黑白分明的，人也沒有絕對的好人和壞人，好人偶爾也會做些昧良心的事，只是這些事會使他不安，這個不安的感覺會使他下次做壞事時多考慮一下。

人只要有良心都不是壞人，所以周處才能放下屠刀，立地成佛。顏習齋說，惡人之心無過，常人之心知過，賢人之心改過，聖人之心「寡」過。他不說「無過」，是因為他知道人不可能不犯錯，知過能改就善莫大焉，所以人要教育。

在總預算中，教育的經費最不能砍，教育給了人類理性，讓我們能做出最佳的選擇，這選擇不見得是最好，但最適合當下的情境，讓我們在說不準的環境中，處之泰然。

捲起袖子，從自己做起吧！

嚴長壽總裁出了一本書《你就是改變的起點》，他在書中說：「不論是教育、政治、媒體、年輕人的未來，甚至台灣的未來，解決問題的答案不在政府，不在立法院，不在媒體，而在你我。」看了令我深深感動。他說得對，不要什麼事都責怪別人，要反求諸己。蒙古有句格言非常好：「言語殺死的獵物搬不上馬，嘴巴殺死的獵物剝不了皮。」這是說凡事要捲起袖子，從自己做起。他常自嘲自己是「無膽一腎人」，因為膽已切除，又只剩下一個腎，但是看到他不顧自己身體的改變，依然號召大家一起為國家做一點事，我除了感動還是感動。我不禁想，我們這些還有兩個腎的人，可以為台灣做些什麼事呢？

之前我去馬來西亞檳城演講，看到市容及公共設施沒有進展，反而比以前更糟。檳城是馬來西亞華人最多的城市，華僑大多都很團結、很愛面子，怎麼會讓市容破敗？於是我好奇地問來接我的老師。他嘆了一口氣說：「去年選舉時，華人喊出『五月五，換政府』的口號，結果政黨輪替不成，我們現在在受苦果。」他不敢多講，我也不敢多問，但是我瞭解，華人在南洋因為掌握了金錢，卻沒有掌握政權，受到許多不公平的待遇，成為國家中的二等公民。

演講完後，一位女士自告奮勇送我回旅館，因為她順路要替兒子買禮物。她說：「今早我出門時，我七歲的兒子跟我說，『媽媽，這禮拜放假，不必上學，我不必挨打了』。」我很驚訝問：「才小一，怎會每天上學都挨打？」她說：「沒辦法，在這裡不出人頭地，就沒有前途，在人屋簷下，怎能不低頭？」她說她很想移民台灣，她覺得台灣比新加坡更好，是目前華人圈中最適合居住的地方。

回台後，我看到有位跨國公司駐台灣的馬來西亞籍總經理投書報紙說，對於一個到過很多國家的人而言，台灣的生活條件和它的舒服度，絕對可以比得上人間樂土的瑞士，而且從他是華人同根同源的角度來看，台灣幾乎是有過之而無不及。他說台灣生活的方便、穩定、舒適安全與民主，在亞洲來說是首屈一指的，這是經過多少世代的努力與付出才營造而成，同時也要配合整個人文社會的先天條件才能孕育出這樣的成果，並非純靠努力就可得來。

他覺得台灣所面對的任何問題，都應該比其它國家更容易解決，因為這裡沒有種族因素存在。台灣人同宗同根，是一家人的問題，大家的共識應該只有一個，就是希望台灣明天會更好。他覺得台灣不缺競爭力，欠缺的可能是上一代那種隻身闖天下，在陌生國度打拚的創業精神。他擔憂現在很多人只想營造小確幸而忽略大格局思維，如此一來，即使沒有外來的競爭，我們也將與樂土漸行漸遠。他說「台灣當自強，明天才會更好，從我先做起」。

我很驚訝，因為他也用「從我先做起」這幾個字。的確，國家興亡，匹夫有責，不要再指責別人，虛耗光陰了，捲起袖子，從自己做起吧！

我的釦子有沒有掉在你家？

朋友的女兒愛看書，我平日只要看到好書都會拿去給她看。書看多了，誠如杜甫所說，「讀書破萬卷，下筆如有神」，她就因作文滿分進了第一志願。朋友高興之餘，大手筆買了一件平日捨不得買的衣服，穿來給我們看。那件衣服典雅大方，尤其它的釦子是用樹的種子做的，非常別緻，大家看了都讚不絕口。想不到過了幾天，她突然打電話來問：「我的釦子有沒有掉在你家？」

原來那件很有氣質的衣服釦子掉了，不知道掉在哪裡。她想重配，卻配不到。少了這顆特殊的釦子，衣服大為減色，她很懊惱。我放下電話，便想起母親以前的教誨。

小時候台灣沒有成衣，我們穿的制服都是母親自己做，一直到我小妹念國中時，制服才用買的。某一天，母親要小妹把剛買回來的制服先縫一遍釦子再下水去洗。小妹不肯，辯說「又還沒有掉」，還講了一句英文「If it ain't broke, don't fix it.」我父親在旁邊聽到，便說：「君子防患於未然，讓你去念書不是叫你回家講英文炫耀於你的父母。」父親發話了，大家都不敢出聲，小妹只好悻悻然地去縫。

多年後，小妹在美國拿到博士學位，去一家大公司應徵。她遵從父親的囑咐，提早到公司，先去廁所整理儀容。從鏡中，她突然發現襯衫釦子掉了一顆，掉在哪裡不知道，不過即使找到釦子也沒有用，因為手邊沒有針線。正著急間，突然想起，母親在我們每一個人的零錢包上都別有三根別針，她趕快拿出來應急，解決了問題。

後來她打電話跟我說，她以前認為自己功課很好，什麼都知道，覺得爸媽的想法不合時宜，不想聽。現在她才知道，原來那些都是爸媽從九死一生的逃難之中，累積下來的生活智慧。

的確，以前我們都嫌母親太節省，什麼都不丟棄，沒有想到她在培養我們「儉以養廉」的習慣；又因她從頭到腳都要管，常不自覺顯出不耐煩的神情。母親有一次感嘆地說：「說話是最傷元氣的事，若是路人，我何必管？那是因為你們是我的孩子，怕你們入世不深，被人騙去，才要一直告誡。天地有萬古，此身不再得，等後悔就來不及了。」

畢業出社會後我了解到，為什麼古人說「君子坐不垂堂」，凡事要防患於未然，因為大自然不會給你第二次機會；也了解為什麼母親做的衣服，洗到褪色釦子都不會掉。沒有人會去洗租來的車，人不能期待別人對你像你的家人對你一樣好，因此防人之心不可無，做每一件事都要想到前面三步，晚上睡覺才能安枕。

東京國立博物館借展國立故宮博物館館藏事件，就是我們太大意，相信了與日本簽的契約，卻忘記契約不過是一張紙。對一個不尊重自己信用的國家而言，當它存心耍賴時，簽了字又如何？政治是只講利益不講道義的，沒有防患於未然，差一點使國家失格，國寶蒙羞。

這次東博事件再一次顯示世道艱難，人心不古。高瞻遠矚是一個政治家想在歷史留名必要的條件，防患未然則是一個老百姓想安心過日子必要的態度。

面對選擇，該當聰明人或智者？

在捷運站碰見一位許久不見的朋友，寒暄時，我隨口問她做了外婆沒有？她淡淡地說，女兒離婚了。我聽了一時接不下話，卻不意外，因為她當年千方百計要把女兒嫁入豪門，女兒不肯時，還演出一哭二鬧三上吊的戲碼，逼女兒就範。當時我們都替她女兒擔心，認為豪門飯碗難捧，不必高攀，果然不幸而言中了。

人生有兩件事是父母不可越俎代庖的，一是念什麼科系，二是跟誰結婚，因為這兩件事後效長遠，如果不是自己的選擇，一有不順，便會去怪別人。當人把時間和精力都拿去怪別人時，就沒時間去解決真正的問題。孩子成年後，父母要放手，只可提忠告，不可替孩子做決定。

我拿到博士學位時，有兩個工作可選，一是在醫學院作博士後研究員，另一是去一家很有名的民間智庫顧問公司（Rand Corporation）上班，它的薪水比學校多五千美元。在一個月生活費不到五十美元的時候，五千美元是很多的錢，所以我很心動；窮學生當久了，任誰都想嘗一下買菜不必盤算的滋味。當時越洋電話很貴，一分鐘一美元，我打不起，於是我寫快信回去問父親。我在信中暗示，如果多了這五千美元，以後妹妹的學費就由我來出，可以減輕父親的負擔。結果我父親打電報來說，「任何事情超越你的能力就是壓力」。我馬上明瞭，我應該留在學校做研究，這個決定後來使我走上教書的路。

其實決定人生成敗的不是起跑點，而是轉折點。離開校門後，走什麼路、做什麼事、跟誰結婚……若能智慧的選擇，才是一生幸福的關鍵。小時候的功課好不好有什麼關係？大器多是晚成，人生是過程比終點重要。

我先生看到這封電報時很驚訝，他說：「電報是按字算錢的，你父親這麼節省的人，為什麼要打那麼長的電報？他只要兩個字『選醫』或一個字『醫』就好了，為什麼不這樣做？」

因為那時我已經拿到博士學位而且結了婚，對成年子女，我的父親只提供原則、給忠告，但不替我們做決定。只有自己的決定自己才願承擔後果，不管以後的順逆如何，我無人可怪。

人都不喜歡負責任，天塌下來最好有別人去頂。諾貝爾經濟獎得主康納曼說，「人的大腦是懶惰的，能不思考便不去思考。」但是這種心態將使人不長進。

我父親十二歲從南洋坐舢舨到廈門去念集美中學。那時沒有銀行，身上帶的大洋登陸後，要先去買期貨，換成一張收據，等開學時，再賣掉期貨來付學費和伙食費。父親說，懷璧其罪，身懷巨款會帶來殺身之禍，買期貨當然也有風險，但是怪自己比怪別人容易學會教訓，人可以犯錯，但不能犯第二次錯。

我感嘆那位朋友個性太強，誤了女兒幸福，也毀了母女感情。英諺說，「聰明人知道什麼時候出手，而智者知道什麼時候放手，所以拿得起的是聰明人，放得下的是智者。」看起來，這世界是做聰明人容易，做智者難啊！

讓孩子站上自信的舞台

一位美國朋友去中國大陸講學，順道來台灣看我。我正愁沒有代表台灣特色的東西給他看，正好東元基金會晚上舉辦「原住民之夜」，是由九個原住民學校的學生在國父紀念館展現文化學習的成果，我就帶他去看。那晚的表演非常精彩，使他大為感動，堅持要請小朋友吃冰淇淋。

外人的讚賞加深了我對這個活動的肯定。多年來，我看到了孩子們的態度從羞澀到大方，從畏縮到開朗，他們缺的只是一個舞台，一個被別人看到的機會。施振榮先生曾說：「台灣不缺人才，只缺舞台。」黃春明先生在坐七望八的高齡，辛苦辦《九彎十八拐》月刊，也就是要給愛好文藝的學生一個發表作品的舞台。他說：「我們鼓勵學生寫文章，寫完卻沒有地方發表，文章只能放在抽屜裡，夜深人靜時，偷偷拿出來自己欣賞，這樣台灣的文學怎麼會有進步？」

其實每個人都需要有讓別人看見他的舞台，尤其是自信心還不足的孩子，他們更需要從父母的眼睛、老師的眼睛和同學的眼睛中，來知道他自己是誰。那天晚上，南投縣仁愛鄉親愛國小鼓隊的架勢和專業表現令人震撼；苗栗縣東河國小的賽夏族臀鈴舞，更是我第一次看到用竹子串成、像裙子一樣的臀鈴，它綁在舞者臀部，隨著歌舞擺動發出悅耳聲音。先民因地制宜，用手邊既有的材料去做出需要的東西，不去強求當地沒有的素材，這種生活的智慧不就是現在大力在推廣，用當地食材和建材的綠生活嗎？

很多人說國中生叛逆，桀驁不馴，但只要看到舞台上台東縣賓茂國中的鞦韆舞和大王國中的百步蛇舞，就會發現帶國中生不難，只要找到他們的長處，給他們舞台就好了。當一個人被尊重時，他會自重自愛。

嘉義縣來吉國小的鄒族安魂曲——「逝去的亡魂啊，歸向天吧！請天神接納，月亮啊！請照亮亡魂的歸途」——聽了讓人掉眼淚，令我想起父親臨終時感嘆黃泉路上「路遠幾時到達，途遙何日返鄉」的話。鄒族是原住民中人數最少的族，他們從國小到國中，大大小小一起上台，也才二十七個人，令人非常擔心他們文化失傳的問題。就像泰武部落的高富村大師癌症過世後，他的排灣族木雕技術也跟著走了。我一直覺得，政府很願意花大錢蓋硬體，許多偏鄉小學的校舍都蓋得美侖美奐，但裡面的軟體卻沒有照顧到，這是不是有點捨本逐末了呢？

當晚的表演，我和朋友都鼓掌到手痛。其實豈止原住民缺少展現自己長處的舞台，我們大部分人也都沒有。教育的目的不應只是教出有品格的好學生，更要能教出他們獨特的性格（characters）。教育應該是要使每個人不一樣（heterogeneity），而不是使每一個人都一樣（homogeneity）。

「原住民之夜」是孩子們一年一度勇敢做自己的晚上，這天晚上他們用自己的長處跟別人競爭，我們不拿放大鏡去檢視他們的短處。我多麼希望，這些孩子每一天上學都能這樣做自己。

只教「分手快樂」沒有用

近幾年台灣連續發生好幾件恐怖情人的兇殺案，最年輕的兇手才十七歲。其中以台大學生殺死幼稚園老師的案件最駭人聽聞，讓人不敢相信他是受過高等教育的碩士。讀過書的人竟然如此不理性，大家都慌了，於是大學紛紛開設「分手要快樂」課，教學生好聚好散。

感情的抒發是美育的一部分，它的核心是個人修養。中國以「仁」為本，從小老師就教我們要有「民胞物與」的精神，「己所不欲，勿施於人」。當我們被同學排斥，很難過時，老師教我們從書中去尋求前人的智慧。父母則安慰說：「你不能做所有人的朋友，你也不需要所有人做你的朋友。他不跟你玩，你去找別人玩就是了，如果所有人都不跟你玩，你就要好好檢討自己。」我們從這些過程中，逐漸了解感情是不能勉強的，弱水三千，只能取一瓢飲；也了解只要有用情，不管用什麼方法分手都會痛苦，這個苦是追求幸福的代價，不要怪別人。

如果你真正愛一個人，你會希望他快樂，你不會想去傷害他。當所羅門王判將嬰兒砍成一半時，真正的母親就放手了；「我得不到的，別人也得不到」是占有欲，不是愛。我們若不從「修己安人」著手，只教分手的方法，「七年之病，求三年之艾」，是無效的。

交友的基本原則是真誠與尊重，不是「只要我喜歡，有什麼不可以」，而是「只要有人不喜歡，我就一定不可以」。只有這種友情才會長久，才有機會昇華成愛情。如果不喜歡他，但是跟他出去有吃有喝，何樂而不為，那是貶低自己，把自己物化。秋扇見捐，當他把你玩夠了，他就會把你甩了。

在以前，以金錢為目的交友叫「拜金主義」，社會看不起這種人。父母會告誡兒女，沒有訂婚前不要用對方的錢，因為天下沒有白吃的午餐，表面慷慨買東西給你的背後是想占你便宜，有志氣的人不用別人的錢。

人一定要先尊重自己，別人才會尊敬你。在沒有深入了解對方之前，不可讓他產生非分之想。一旦郎有意而妹無情時，要趕快抽身，不可貪小便宜，以為「反正是他自願花錢，又不是我叫他花的」，這會造成分手時對方產生「人財兩失」的感覺，他心中一不甘願，報復之心就出來了。

感情事是如人飲水，冷暖自知，別人無法置喙，但卻逃不過一個「理」字。李察．巴哈（Richard Bach）說，「如果你真愛一個人，就放他自由。如果他回來了，他是你的；如果他不回來，他從來就不是你的。」現在的孩子缺乏體驗細膩感情的機會，跟父母又對不上話，一腔心事連如何說給人聽都不會，天天「將心比明月，明月照溝渠」，難怪會情傷。但是沒有關係，泰戈爾說，「當你在夜晚因看不見太陽而哭泣，你的眼淚會使你看不見滿天繁星」。只要你肯放下，你就會看見前面的玫瑰。

人類的柔軟心，AlphaGo學不來

人工智慧程式AlphaGo暴紅，許多人都在擔心以後人類會不會被機器人所取代，甚至奴役。我比較樂觀，因為我看到一項人類所獨有，而電腦不論如何統計學習（Statistical Learning）都沒有的特質，就是悲天憫人的柔軟心，而這個心正是維持世界和平所必要的。

二〇一五年年底，交通大學在籌備給諾貝爾和平獎得主翁山蘇姬榮譽博士學位時，我看到一些緬甸的文宣，我對他們的文字很有興趣，便拿來讀。在一個國際古典音樂節（Myanmar International Classical Music Festival）的小冊中，我看到翁山蘇姬坐在木頭椅子上聆聽的照片，冊子上寫明，伴奏者為台灣傑出鋼琴家，茱莉亞音樂學院畢業，耶魯大學碩士，紐約大學石溪分校博士。當時我心想，一般新出道的鋼琴家會積極參加比賽，建立自己的國際聲譽，這個台灣的鋼琴家為什麼會選擇去偏遠的緬甸替小朋友伴奏呢？

因緣際會之下，我見到了這位鋼琴家，交談之下，確定了我一貫的想法：年輕人要趁心很柔軟時帶他去做公益，這樣他長大出社會後，才不會因為職場的爾虞我詐使心變硬，失去珍貴的赤子之心。

她說在大二時，音樂學院的同學發起一個去世界貧窮國家（如突尼西亞），替沒有機會接觸音樂的孩子演奏的活動。在參與這個活動的過程中，她感受到委內瑞拉的杜達美（Gustavo Dudamel）在貧民窟教孩子拉小提琴的意義。貧窮國家通常是共產主義的溫床，但是一個拿了小提琴的手就不會去拿槍；音樂是最原始的語言，它能帶給孩子美和感動。她和她的同學這幾年來，都在全世界各地巡迴演出，把音樂帶給需要的人。緬甸幾乎沒有西方樂器，她們還在台灣募小提琴送給緬甸的孩子，最終由翁山蘇姬親自接受並代表致詞。過去我對這種致詞都沒有興趣，可是那天翁山蘇姬說得很好——微笑和音樂是沒有國界的，它溫暖人們的心靈，讓仇恨消失。

一件事要有成果必須持之以恆，蜻蜓點水是不會留下痕跡的。善行最有漣漪作用，會感動別人也來加入，目前台灣交大有個碩士班學生已在仰光一年，繼續奉獻。我對台灣能教出這樣的學生感到非常驕傲，生命教育一定要帶學生去實做，讓他們從做中得到感動，唯有感動才有改變。

品格教育，從餐桌聊天開始

一位媽媽來信說，她孩子學校這學期在強調品格教育，要家長找出孩子的價值觀。她問我要怎麼找？是要帶去做測驗嗎？其實完全不必，父母只要在茶餘飯後，以不經意的口氣問問孩子，他最在乎的是什麼？什麼東西是他排在第一位，會努力去爭取或捍衛的，答案自然揭曉。

為什麼要很自然、不著痕跡地問呢？因為孩子沒有戒心，才會說出心裡的話，不然他會說些冠冕堂皇的假話來討好大人。這點其實很可悲，但卻是事實。

那麼，大人又為什麼需要知道孩子的價值觀呢？因為價值觀與品格是一體兩面的事，價值觀引導我們做出抉擇，而抉擇又決定了我們是什麼樣的人。所以神經科學家說心和身是周而復始的循環——大腦產生觀念，觀念引導行為，行為產生結果之後，又回過頭來改變大腦。每個人都是自己過去經驗的總和，過去的經驗會造成現在的自己。因此早早教導孩子正確的觀念，可以避免他以後產生行為偏差。

如何不著痕跡地問？有一次，我的父親問我們：假如家中失火，你們會先搶救什麼？大家都吃了一驚，因為從來沒有想過這個問題。我姊姊就說「錢」。我們都點頭，以為一定答對了。想不到父親微笑說，他會先抱相簿出來，因為錢可以再賺，相片燒掉就沒有了，你們就不記得自己小時候是什麼樣子了。父親以前常說健康、家庭、事業，這三者的順序不可以顛倒。他珍惜我們小時候的相片，表示他覺得親情比金錢重要。很多時候不去思索，就不知道自己真正珍惜的是什麼。

現在的孩子可能不了解相片有什麼好珍貴的。在我小時候，幾乎沒有人有照相機，照相是個很難得的事。每年過年，我們穿上新衣服後，父親會帶我們到街上的照相館去照一張全家福，從相片中，我們一個個從梳辮子的小學生到清湯掛麵的中學生，最後到燙頭髮的大學生，那就是我們成長的紀錄。後來台灣富裕了，照相機多了，街上的照相館也就一家一家關閉了。

價值觀的重要性在於，一旦觀念改了，行為就跟著改變了，而這個改變是徹底的改變。周處知道他以前是錯的，就放下了屠刀，不再殺人；伊斯蘭國的恐怖份子濫殺無辜，卻堅持這是聖戰、是必須的，為聖戰視死如歸。一旦幻象破滅，發現真相不是如此時，他們想脫離組織，很多人卻因此而被殺。所以南非前總統曼德拉（Nelson Mandela）才會說，「教育是改變世界最勇猛的武器」，觀念變了，人就變了。

因此孩子養成正確價值觀後，他的行為就會受到「良心」監督，當他可以「慎獨」，在沒有人看到也不會做壞事時，他的品格教育就完成了。

台灣一度黑心產品泛濫，人民寢食不安，政府抓不勝抓、防不勝防。其實唯一釜底抽薪的方法是加強品德教育，用良心來自我規範。當廠商對人格的要求大於不義之財時，黑心奶粉、餿水油、毒豆干就自然絕跡了。

正向教育，拒絕失控的人生

二〇一五年發生一件不可思議之事，一個媽媽跟先生吵架，竟然在盛怒之下，就把三個月大的兒子丟進龍潭大池中。二〇〇九年也有一對夫妻吵架，太太嗆聲說「你敢就扔」，先生就真的把親生女兒丟到麵湯鍋中。這兩件事反映出來的是自我控制力極端不足，而這個能力的缺失會危害社會公共安全，不可掉以輕心。

美國有個「家庭生活專案」（Family Life Project）的研究，從嬰兒七個月大開始，追蹤他們的情緒控制，直到他們長大成人。研究結果發現，父母用正向態度教養的孩子，自我控制能力比較好；四歲時有自我控制能力的孩子，成年後，在健康、家庭、事業方面都比較成功。所以早期的情緒控制訓練很重要，它可以強化理智控制情緒的神經迴路，和壓力荷爾蒙皮質醇（cortisol）的分泌。

另一個研究是先將二十三個母親跟孩子互動的情形錄影，然後放給躺在核磁共振中的媽媽看，結果發現親子活動同步（synchrony）時，母親大腦報酬中心的伏隔核（nucleus accumbens）活化很大，而親子活動不同步時，恐懼情緒中心的杏仁核（amygdala）會活化起來。一樣是陪孩子玩，母親大腦的反應卻大不同。

坊間有書在鼓吹「quality time」，主張父母雖然每天只有二十分鐘陪孩子，但是這二十分鐘是優質的陪伴，重質不重量。其實這有商榷的餘地，因為親子關係不是物理的向度，不能被量化。陪伴孩子的關鍵在雙方同步：他要你陪時，你也正好可以陪他。所以父母不可如書所說，兩歲以前的孩子不懂事，就把他交給保母帶，等懂事了再抱回來慢慢教。反而是生命初期的大腦，尤其掌管理智的前額葉皮質發育很要緊，規矩一定要從小教。

現在年輕人的自我控制能力差，有一個原因是過去二十年來，「禮義廉恥」這個社會運行的根本精神已經不再強調了，小學本是品格培養的黃金期，教會了對人要規規矩矩的態度、做事要正正當當的行為，就養成了下一代自我控制的習慣。長期活化自我監控的神經迴路會強化這個迴路，長大後，就不會因暴怒而犯大錯。

青少年會出問題，多半因為家庭失去功能，或是社會沒有提供正確楷模給孩子模仿。若要亡羊補牢，必須從基本做起，把禮義廉恥放回生活教育中。

我們如何看失敗，決定孩子的命運

根據二〇一六年的一篇報導，台灣有二十萬個學生因為未具基本學力，因此在「等待失敗」。這是很驚人的數字。讀寫能力是二十一世紀知識社會的共同貨幣，它決定一個國家的競爭力，我們必須要找出原因來。

史丹福大學最近有個研究，發現父母對失敗的看法，會影響孩子的學習動機，一旦孩子覺得他的智慧是固定的，不能改變的，他的學習就不可能進步，他就會放棄。其實智慧是可以改變的，大腦也是可以改變的，古今中外有很多偉人都是大器晚成，完全沒有「三歲定終身」這回事。

這個實驗有將近五百位父母子女參與，先請父母在一個一到六的量表中（一是絕對不同意，六是強烈同意）回答這類問題：你認為失敗是個正向的經驗，孩子可以從中得到好處；失敗的經驗會幫助孩子成長，促進他學習；經驗失敗能強化孩子的表現和生產力；經驗失敗抑制孩子的學習和成長；經驗失敗削弱孩子的表現和生產力；失敗的效果是負面的，應該要避免。

然後再請父母填智慧觀念的問卷，例如：你可以學新的東西，但你無法改變你有多聰明。給學生的版本則是：你有多聰明是天生的，沒有什麼辦法去改變它。

最後他們問孩子知不知道父母對自己的期望，像是：假如我在學校表現很好，我父母會很高興；我父母常問我，我在學校的表現跟別的同學比起來在那個等級；我父母要我了解這個家庭作業的精神，而不是只是去背住它；我父母認為我在校有多盡力比我考多少分更重要。

研究結果發現，在控制了年齡、性別、社經地位，甚至父母對智慧是否可以改變的看法之後，唯一對孩子學習有影響的是父母對失敗的看法。也就是說，當孩子考不好時，大人在不知不覺中流露出來的失敗態度，會使孩子自暴自棄。英國有句諺語「父母對孩子的態度決定他的命運」，在這裡看到了證據。

台灣社會一向非常重視學業成績和名次，常用學業表現來判定一個孩子的品德，功課不好就叫壞學生，不管他的品性好不好。這是非常錯誤的觀念。這種錯誤的觀念不改，師長的歧視和同學的譏笑將會斷送孩子的一生。

以台灣人口來說，二十萬不是個小數目，我們不能掉以輕心。

品格——正確價值觀的基石

恢復傳統文化，才能避免黑心食物

一位祖傳三代都在新竹做米粉的年輕人寫信給我說，他家都是用純米做米粉，近年來生意不好，因為純米做的米粉煮了會斷，顏色也不是純白，一般民眾喜歡加了玉米粉、有彈性的那種，但是祖父不肯摻，他也很堅持。後來發生了毒澱粉事件，他覺得民眾應該知道一分錢一分貨，貴一點有貴一點的道理，便又去和大盤商談通路，結果還是被拒絕。大盤商說純米粉較貴，沒有銷路，因此不進貨。他很沮喪地問，為什麼現代人不要真貨，寧可買便宜的假貨？就算純米米粉較貴，那也是吃到自己的肚子裡，為什麼人寧可在食物上省小錢，卻願意花大錢上醫院去看病？不但賠上健康還要受罪？

看了他的信我很難過。我也想不透，人為什麼會如此短視？我更想不透的是，為什麼有人敢昧著良心去賺這種黑心錢？舉頭三尺不是有神明嗎？做壞事會遭天打雷劈的老人教誨到哪裡去了？

我剛回台灣時，有一次去台中的啟明學校演講，看到很多因吃了被多氯聯苯汙染的米糠油而失明或畸型的孤兒，心中非常憤慨。我不信宗教，如果我信，我希望世界上真有十八層地獄，讓這些黑心商人也嘗一下失明的痛苦。台灣後來持續有各種毒物事件發生，尤其塑化劑事件離現在不過幾年，難道大家都忘記了當時的恐懼嗎？我一直不解，為什麼民眾不願意支持有良心的正派廠商，讓他們能繼續經營下去？為什麼法律對危害人命，增加健保支出的惡商判得如此之輕？塑化劑事件只輕判十四個月而已，難怪壞人為利會愈來愈大膽，正義之神竟是如此不痛不癢的輕拍一下作為懲罰，令人氣憤。

台灣現在可以說已經不知道吃什麼才安全了。相信大家都聽過這個笑話：一個城裡的孩子回鄉去，看到一畦畦的菜園就很高興的要去摘菜，他的祖母趕快制止說：「不能採，那是灑了農藥，要賣給台北人的，我們自己吃的在後院。」我們必須承認，會發生這些黑心食物事，可以說基本做人的傳統道德已淪喪，所以為了利可以不顧天良。

令人警惕的是，中國大陸已注意到傳統文化的重要性了，因為沒有文化的民族是注定要滅亡的，他們開始輸入我們的傳統文化教材，並且規定小學要學寫毛筆字。自二〇一三年春季開始，小學三到六年級的學生每週要有一小時的毛筆課，用的是顏真卿的《多寶塔碑》、趙孟頫的《湖州妙嚴寺記》這些傳統字帖。中國傳統文化本來是台灣的強項，現在我們不要，別人撿起來當寶了。

傳統價值觀其實是深入人心的生活態度，人生最終的目的在公平與仁慈，公平是不傷害別人的利益，仁慈是增進別人的利益。我們或許只能期待別人要仁慈，但公平是一定要堅持的，不然這社會一定會動亂。預防勝於治療，與其事後來懲戒不法商人，我們何不嘗試從恢復傳統文化與價值觀著手，重植已經淪喪的道德良心。

誠信，台灣失去的基本價值

餿水油事件再度發生，不禁令人痛心疾首，這種事若不從根本的觀念——「己所不欲，勿施於人」——著手，它會層出不窮，抓不勝抓、防不勝防。畢竟財帛動人心，只要有利，砍頭的生意還是會有人做。

股神巴菲特五十年的老搭擋蒙格（Charles Munger）每次去大學演講時，都告訴年輕人：「不要賣你自己不會買的東西。」做生意第一個原則就是誠信。「誠信」也是做人的根本，一個社會只要有誠信，一定和諧。不幸的是，它在台灣刻意被忽略，例如婚姻本是承諾，維持這個承諾的是誠信。但現在婚外情泛濫，小三橫行，造成家庭瓦解。神經學的研究指出，幼年期的創傷及失去安全感會改變孩童的大腦結構與神經連接，將影響他日後的社會行為，這就是為何很多問題少年出自問題家庭。現在有太多的人視誠信為無物，跟女助理開房間還敢大言不慚地說讓人民公斷。有這樣無恥的社會，怎麼會沒有唯利是圖的黑心商人呢？

誠信是品德，它需要被教導，有一個很好的「己所不欲，勿施於人」的例子，成就了哥倫比亞大學在漢學研究上的地位。

一八七五年，丁龍十八歲時，從廣東來美國替賀拉斯‧卡朋蒂埃（Horace Carpentier, 1824-1918）作僕人。卡氏脾氣不好，僕人都被罵跑，只有丁龍一個人服侍了他一輩子。卡氏曾好奇地問他是怎麼做到的？丁龍說：「中國人講忠恕之道，『己所不欲，勿施於人』。」他家雖然三代都不識字，但是靠著口耳相傳，儒家思想已深入民心，形成維繫中國社會的力量。卡氏聽了大為讚賞。丁龍病危時，將他畢生的積蓄一萬兩千美元交給卡氏，請卡氏替他在哥倫比亞大學成立漢學講座，讓美國人了解中華文化。

卡氏是加州奧克蘭市的首任市長，他為了完成丁龍的遺願，總共捐了二十七萬美元，而且堅持用「丁龍講座」當作講座名稱。當時美國排華，哥大校長不願用中國僕人的名字作為哥大講座的名稱。卡氏力爭，他說：「在我有幸遇到的高貴紳士中，如果真的有天性善良、從不傷害別人的人，非丁龍莫屬。」丁龍講座遂成立。

丁龍在哥大校長眼中是人下人，但在我們眼中，他是擁有人類最尊貴財富——品德——的人上人。我們若能把這個基本的「己所不欲，勿施於人」好好的讓人民知曉，社會上怎麼會有這麼多匪夷所思的黑心事件發生呢？難道這些人不擔心他的孩子在學校裡，會吃到用餿水油煮的營養午餐？不擔心他的家人在街上，吃到用黑心油炸的雞排？這就像種菜的人不吃田裡的菜，只吃自家後院摘的菜一樣，別人不是人，別人家的孩子死不完，這是多麼可議的心態。

黑心致富的人是可恥的，應被唾棄的。想想一九七九年，多氯聯苯對惠明盲校孩子所造成一生的傷害，這種事是可忍，孰不可忍？怎能讓餿水油禍首以五萬元交保，逍遙獄外？只要大家從自身誠信做起，發揮輿論力量，「千夫所指，無疾而死」，黑心商人不能在台灣立足，黑心商品也就消失了！

小事不可輕忽

和我一起做志工的人中，有位志工是電子公司老闆，他有四輪傳動的車，所以每次去山地服務都由他負責開車。某一年要去送月餅時，他說要面試保全人員不能去。我好奇地問：「董事長就像我們的前腦額葉皮質，是監督別人使其不出錯，而不是自己親力親為，孔子不是說『為政以德，譬如北辰，居其所而眾星拱之』嗎？您為什麼要去做人事主任的工作呢？」他苦笑說，保全是客人跟公司接觸的第一個窗口，人員選得不對，客人還沒有進門就被得罪光了。

這位老闆告訴我，多年前他剛創業時，有一筆大訂單是他極力要爭取，也是銀行要不要貸款給他的關鍵。這筆訂單的公司負責人是他的大學學長，所以競爭雖然激烈，他卻自認很有希望。想不到他的學長臨時起意，趁去北京開會之便，親自來看。因為學長搭的是計程車，加上美國人不太講究派頭，穿著很普通，門口警衛有點不以為意，就問有沒有預約。學長說沒有，警衛便趕他走，說：「去，去，去，不要在這裡擋別人的路。」學長要求跟老闆通話，那時沒有手機，警衛打電話到裡面來，接電話的祕書也不懂事，一聽電話裡的人是坐計程車來的，就以為是要來借錢，便斬釘截鐵地回絕說「老闆不見沒有預約的人」，這筆訂單就飛了。

他從此了解，一個公司的盛衰，員工是關鍵。萬一聘進一個品德不好的員工，不但會拆散原來的團隊，還會「養老鼠咬布袋」，使公司幾年的研發心血付諸東流，所以每次聘人他都親自面試。

他接著談起現在的國民素養，說很多人連基本的應對禮儀都不懂。有個求職者進來，他照例先問：您貴姓？這個人竟然回答：我是某先生。他說，先生、夫人是尊稱，你可以用職稱：我是某經理、某老師，但不能自稱某先生或某夫人。我其實不敢說，現在還有學生連名帶姓的直呼老師呢！

可嘆的是，現在偏有人認為禮貌不重要，硬把白目當作率直，把任性當作個性。黃富源教授說得好，率直是良好的品質，禮貌是永遠不變的價值，這中間有天壤之別。

此外，很多人不了解做事的目的是把事情做成，不是有做就好；對條文要從立法精神去解釋，不是死咬著條文不放。有一次，我要去某機關演講，因為高鐵商務艙的敬老票比對號座便宜，我想買敬老票，辦事人員一定不允，因為條文規定不是所長不可以坐商務艙。幾經折衝，最後我說不去了，邀請單位才打電話來說，只要不比核准的票價貴，便宜的票儘管買。問他為何前倨而後恭？他說現在公家機關什麼都外包，因為這個案已包給某大學，這是承辦人員的問題。

二〇一五年，台北發生紅點設計博物館因為場地漏水要退租，市政府也跟包商互踢皮球。外包不見得省錢，但是品質無法控制，如果什麼都外包，我們何必納稅養政府，自己找包商就好了。

一葉知秋，這些小事會破壞國家競爭力，不可輕忽。

烹飪藝術的極致

二〇一六年出國，明顯感到機場的人潮減少了，令我一則以喜，一則以憂。喜的是不必浪費時間排隊；憂的是觀光客減少，人民生活堪憂。在飛機上我一直想，發展觀光不能只靠吃，人只有一個胃，多吃來不及消化，也不健康，我們必須在飲食之上找到文化，才能使外國人流連忘返。

巧的是，在演講結束後，當地校長帶我去一家藏在深堂里弄裡的蘇州老宅，青磚木梁，古色古香，若不是門口有面酒旗，我會以為是進士第。經理是位六十多歲的老太太，一心想恢復文革時中國失去的藝術和文化。她花了二十年時光去抄故宮的御膳譜，成功重現了當年乾隆皇帝冊封琉球國王時所舉辦的冊封宴。這家餐館同時是蘇州民俗博物館飲食文化的展示館，也是烹飪技能名師工作室，專門訓練新廚師。

那天晚上我見識到中國烹飪藝術的極致。席間有一道陳皮薑鬆，薑絲切得細如頭髮，我有點不相信人的手可以切出這麼細的絲來，老太太解釋祕訣在工具上，中國的刀是很薄的長方形，不像西方的廚刀狹長且厚，所以可以切得很細。

每一道菜背後都有歷史根據，比方「令妃蓮子鴨」，是乾隆皇帝賞給令妃的。清宮御膳中有十幾則皇帝賞令妃的記載，有趣的是前面是賞令妃，到後面就成了賞令「貴」妃了，原來她是嘉慶皇帝的生母，深受皇帝寵愛。「蓮子鴨」還有「連生貴子」的意思。乾隆賞慶妃的炒鮮蝦也非常好，在北方吃不到什麼海鮮，乾隆在北京不吃魚，但下江南時都吃。

皇帝每次賞令貴妃時，都有賞皇后，這是體制，但是賞皇后的都是燉白菜——白菜心包火腿絲，看起來遠不及賞給令貴妃和慶妃的菜，顯然皇后不得寵。果然不久乾隆就把皇后廢了。

另外有道「貢品茭白」，是小如手指的茭白筍，排在碧綠的玉盤中，真是色香味俱全。這種飲食不只滿足了口腹之欲，也是一場心靈的饗宴。雖然吃了三個小時，但是學到很多，每道菜細細品嘗後，深深體會到孔子說「食不厭精」的道理，原來這跟我們吃便當果腹有這麼大的差別。

最後的甜點「赤霞雲起」，是把紅豆泥澆在糯米粥上，紅豆泥用細紗布濾過，所以入口即化，比一般的豆沙還細。難怪在揚州吃豆沙包時，我說「好吃」，朋友微微一笑說：「你還沒吃過真正上品呢。」

吃的藝術在此是發揮到淋漓盡致。吃完參觀一下老宅，看到牆上有貝聿銘題的「天珍海味」，他是蘇州人，這些菜真是對了他的胃口。中國有句俗語：「一代衣，三代食」，富一代懂得穿衣，但要富了三代才懂得吃。吃真的是中國藝術的精華。

要吸引觀光客，我們得有文化，飲食是一個，戲劇是另一個。

從歷史的軌跡找到自己

二〇一七年五月，我去南京大學參加大腦、語言與認知的國際研討會。會議結束後有半天空檔，學校便安排我們去看明城牆、秦淮河和江南貢院等一些南京的觀光景點。貢院是歷代舉行科舉考試的地方，考試是讀書人的宿命，去參觀時我別有感觸。

在貢院裡，外國人看得仔細，我們的學者卻意興闌珊，坐在板凳上等外國人看完，抱怨不如去逛街。一位外國教授看完了說，難怪英國的湯恩比會說如果他能再活一次而選擇出生地的話，他會選擇唐朝的長安。但這位外國教授會選擇生在明朝的南京，因為明朝的一切都不比唐朝差，中國文化太偉大了。

我聽了很感慨，文化是維持一個民族生命最重要的根，也是民族認同，凝聚人民向心力最重要的因素。當外國人在羨慕中華文化時，我們自己卻拚命把它往外推，要丟棄它。

人如果不知道自己從哪裡來，就不會知道自己要往哪裡走。年輕人不喜歡看貢院，因為他們不知道就在這裡，出過轟動全國的大弊案，總共有十八個人頭落地。那次的主考官是左必蕃和趙晉，因為收賄，考生在貢院大門貼了對聯「左丘明有眼無珠，不辨黑黃卻認家兄；趙子龍一身是膽，但見孔方即是乃父」，諷刺兩位主考官。他們把「貢院」的「貢」改成「賣」，把「院」的偏旁用紙糊起來，變成「賣完」。這些考官都是讀書人，為了貪這不義之財把命送了。沒有命，錢再多又有什麼用呢？

明末的福王也一樣，他有滿庫金銀財寶卻捨不得拿出來發軍餉。

他沒想到洛陽失守後，這些都會落入李自成之手，何不拿出來救自己的命呢？史書上說，福王重三百六十斤，投降後被李自成殺了，與鹿同烹，吃掉了。真是人為財死，鳥為食亡。

歷史上這些事其實就是現在的借鏡。國家福祉一定要超越黨派之上，為了爭權奪利不顧老百姓死活，最後江山必然拱手讓人。修改課綱，去除中華文化，就剝奪了年輕人從歷史中學到教訓的機會。太陽底下沒有新鮮事，已發生的必再發生，世界的進步是不會等待我們的，台灣已經被世界邊緣化了，若不奮起直追，我們會落後到連別人的影子都看不到的地步。

下機時，看到《聯合報》上有一篇〈我們的螺絲找不到〉，大意是說台灣豈只是螺絲鬆了，是根本就找不到了。當教育不再重視忠誠、正直、公平、正義等傳統的核心價值，文化不再看見自己的寶，把它當敝帚丟出去時，我們的下一代又怎能不感到迷惘、焦慮和無根？不知自己從哪裡來，當然會有認同危機；看不見明天，當然會問我們的國家有希望嗎？

裝睡的人是叫不醒的，以前有部國語片叫《無語問蒼天》，沒想到它竟是我回國時的心情！

捨者的大智慧

美國熱門電視卡通影集《辛普森家庭》（The Simpsons）的創作者山姆．賽門（Sam Simon），在二〇一二年被診斷出罹患大腸癌，於是他把一生積蓄捐出來，設立食物銀行，救濟無家可歸的遊民；把自己占地六英畝，位在加州高級住宅區的五星級豪宅，改為流浪狗訓練所，訓練牠們去幫助聾人，或是從伊拉克戰場上回來，有創傷後壓力症候群的退伍軍人；他出錢幫忙結紮流浪狗，也幫助低收入戶結紮他們的寵物。他的信念是不製造不被愛的生命，但是已經在這地球上的，便好好照料牠，讓牠善終。看到這則新聞我很感動，能夠在自己眼睛看得到的時候，把財產做妥善安排，免得子孫打官司，是智者；能把取之於社會的錢還諸於社會，更是大智慧之人。

晚清名臣林則徐說：「子孫若如我，留錢做什麼，賢而多才，則損其志；子孫不如我，留錢做什麼，愚而多財，益增其過。」這句話細想起來非常有道理，子孫不成材，好吃懶做，金山銀山都會坐吃山空，那麼出生時含在他嘴裡的金湯匙，等他長大後就會變成插在他背上的金匕首。就像有個遊民曾說：「媽媽捨不得我吃苦，所以我不懂得吃苦；我不懂得吃苦，但我吃了一輩子苦。」

「取是本事，捨是智慧」，人先要證明給父母看，自己不是扶不起的阿斗，沒有辜負父母養育、國家栽培之恩，然後把憑自己本事賺來的錢用在最需要的地方，使社會變得更好。因為我們「取」時，都有別人的功勞在裡面，所謂「一日所需，百工為之」，沒有許多不知名的人敬他的業、做他的本份，我們的日子不可能過得很順利。猶太法典《塔木德》（*Talmud*）說：「人可以仰賴三個朋友的陪伴，一是財富，但是財富只能陪伴他到他好運消失；二是他的親人，但是親人只能陪伴他到墳墓口，就得離去；第三是他的善行義舉，它陪伴主人到他進墳墓之後，還長長久久。」人死如燈滅，再多的錢財也帶不走。我曾在河南安陽的古墓群中，看到一座宋朝古墓，墓主頭上頂著錢罐，腳下踩著錢桶，身上蓋著錢被，兩手抓滿銅錢，真可以說是一個錢墓。但是千年後，錢還是在墓裡，他帶不走，空使後人唏噓。所以請把自己用不到的錢捐出去，讓錢發揮最大的用途，造福人類。

在我心目中，近代有兩個大智慧的捨者，一是陳嘉庚先生，他把在南洋賺的錢在家鄉同安設立了集美中學和廈門大學，嘉惠無數華人子弟，我父親便是其中之一；另一位是香港的田家炳先生，他捐助了無數鄉村圖書館，設立了好幾所中學，作育英才。他是用房租收入來興學，所以他的基金會不因利息低而無法運作。

若是你沒有錢財可捨，也沒有關係，你有義行，那更了不起。野柳有座銅像，那是在春寒料峭的三月，躍入冰冷的海中，捨己救人的林添禎像，雖然事過五十多年，他的義行一直活在人們心中，它就如猶太法典所說：善事義行直到你進墳幕後，還能陪伴你長長久久。

為什麼以前能教出黑蝙蝠或蔡崇輝？

二〇一四年一月十七日早上十點，全台灣所有的火車齊鳴笛五秒，向捨己救人的火車司機蔡崇輝先生致敬。我非常感動，蔡崇輝先生沒有辜負父母給他取的名字，在生死關頭把人性光輝發展到極致，他拉住剎車，犧牲自己，拯救了車上三百多名乘客的生命。蔡崇輝的捨身取義，使我想起一件六十多年前的往事。

我兒時玩伴的哥哥是空軍，屬於黑蝙蝠中隊。他平日都待在部隊，偶爾才會回家，每次他一回家，玩伴的媽媽就會掏出珍藏在內衣底下的「貼肉錢」，去市場買肉。我們小時候不常有肉吃，只有初

一、十五拜拜時才有肉吃，還不見得一定吃得到，因為人多肉少。我的玩伴只要看她媽媽去買肉，就飛奔到我家來，嘴裡喊著「今晚有肉，今晚有肉」，拉了我就往她家跑。

我們最喜歡她大哥回來，因為除了吃，他還會教我們很多老師不會教的東西，比如說把「化」這個字變成一隻老鼠，又或是把「12」這個數字寫得靠緊一點，變成「口」。他還會講很多當兵的有趣故事，聽得我們恨不得快長大，好上戰場。吃飯時，我們都很識相，不會去夾肉，其實對我們來說，肉湯拌飯就是天下第一美味了。飯後他要回部隊時，她媽媽就開始哭，也不是大哭，是那種無聲的掉眼淚，她緊拉著兒子的手不放，我們在旁邊大氣都不敢出，呆呆的看送別。她哥哥每次都笑著安慰媽媽說：「你把我拉得這麼緊，我怎麼去立大功、做大事啊！」他每次離開，都會拍拍我們的頭說：「你們要趕快好好的長大。」我們都用力點頭。有一天，她哥哥的飛機在中國大陸失蹤，連葬禮都沒有，一個人就這樣無聲無息的消失了。後來玩伴一家搬到鄉下，小時候沒電話、沒手機，連信也不會寫，我們就這樣失去了聯絡。

長大後，我逐漸知道黑蝙蝠中隊的事蹟，也慢慢了解那時候的黑蝙蝠為什麼這麼勇敢，可以視死如歸，因為沒有國哪有家？的確，沒有他們，我們這些下面的弟妹怎麼有學可以上、有書可以讀？沒有逃過難的人不知國破家亡的苦，也不知道有個國家作後盾是多麼的幸福。許多人看不起敵後工作人員，我卻對他們很敬佩，他們是為了國家出生入死。或許這也是每次我看到有人看不起軍人和警察，我都會很生氣的原因——沒有他們，沒有我們。

曾經有位大學的學務長問：「為什麼現在的年輕人怕苦、怕痛，就是不怕死，動不動就去自殺？」我要問：「為什麼以前的教育能教出像黑蝙蝠、蔡崇輝這樣的人，而現在不行呢？」

這問題出在，現在人對自己的人生沒有一個遠大的理想，人生目標若只局限於本身的快樂，那麼不快樂時自然會想去尋死，來結束這個不快樂。死有「重如泰山，輕如鴻毛」，只是現在的教育有讓學生知道泰山是什麼嗎？有看到這兩者的差別嗎？

小洞不補，變大洞就補不了

週三下午是小學老師進修的時間，吃過午飯就放學了。但是在偏鄉，很多孩子還是留在學校，因為家中無人照應，也無桌子可寫功課。有一天我去某國小演講，講完後留下與老師商談推動閱讀之事，一個小女孩跑進來告狀：「老師，某某某在爬置物櫃。」老師說：「置物櫃不可以爬，叫他不要爬。」女孩轉身跑出去了。過一會兒又跑進來說：「老師，他不聽你的話，還在爬。」老師說：「告訴他，再爬等下就要挨罰。」老師繼續跟我說話，沒有起身。小女孩進來告第三次狀，看老師還是沒有處理，就不再進來了。等我把事情談完走出辦公室時，看到兩個孩子在爬置物櫃，其中一個赫然就是剛剛進來告狀的女孩子。

攀爬置物櫃是一個學校規定不可以做、做了要處罰的事，但因為有人爬而老師沒有罰，那麼，他可以做，我也可以做。於是明知不可以爬的孩子自己也就去爬了。這是為什麼古人說「寸火能焚雲夢，蟻穴能決大堤」；英文說「縫一針，省九針」（Stitch in time save nine），小洞不補，以後變大洞就補不了了。台灣社會一直有「不吃白不吃、不拿白不拿」的僥倖心態，這是很危險的，當每個人都忽視法律時，社會就會失序。所以一定要防微杜漸，一個不對的事，不管多小，都不能姑息它，要立刻制止，不然有樣學樣，天下就大亂了。

法律不可訂得太綿密，太密會失去彈性，但是執法一定要嚴。執法不嚴，法律等於虛設。騎機車的人都戴安全帽，是因為這個法被嚴格執行，現在若騎車不戴安全帽反而會覺得很突兀，這就是群眾的力量，也就是用一致性的行為去規範那些不做這個行為的人。台灣最被稱讚的就是排隊，但是相信大家一定也還記得以前插隊的時代。又如開車不能講手機，但因為未嚴格執行，現在連專業的計程車司機都邊開車邊講手機了。

《聯合報》刊登張作錦先生的一篇大作〈不執法是誘民入罪——自由無秩序，終將失去自由〉，讀完真是心有戚戚焉。任何一條法律都要能執行才叫法律，不然只是廢紙一張。太陽花學運的學生都已成年，在法律上需替自己的行為負責；學生身分不是護身符，法律不應因身分而有所不同，王子犯法與庶民同罪，古已有之，今不可例外。

人還有一個不喜歡用自己的大腦去思考、盲從的習慣，喜歡跟著別人（請見康納曼的《快思慢想》），加上「數大便是美」，人多膽子就大，成群結隊時，責任分散，什麼事都敢做，反正又不只有我一個。在中國大陸車水馬龍的街上，常看到當地民眾不管紅綠燈，一旦集結成眾，便呼嘯過馬路，大車小車都只好停下來讓。「路過」更一度成了台灣的熱門名詞，一不高興就聚眾路過，阻礙交通，威脅人身安全，網路上更有人號召群眾癱瘓捷運。像這種不顧他人自由及公共安全的違法失序行為，是可忍，孰不可忍？我們若不勇敢站出來譴責，過去數十年辛苦建立的民主法治就付諸東流了。

做好平凡事，一生不平凡

羅賓．威廉斯死訊傳來時，我正在馬來西亞演講。當年看他主演的電影《早安越南》，是我第一次發現自己的英文可以跟上同學，因為他講的笑話我竟然聽懂了。他是我那個時代的人，他的自殺使我難過好幾天，我一直在想，人生的目的是什麼？

記得我的母親還健在時，有朋友大擺孫子的滿月酒，我帶母親一起去。那天冠蓋雲集，檯面上叫得出名字的人幾乎都到了。回家後，母親說：「你這個朋友做人是成功的，他有這麼多的朋友來捧場，你做人如何？你走時，會有多少人來送？」我聽了嚇一跳，不敢接話。

母親接著說：「死後哀榮代表世人對這個人的看法，棺蓋蓋下，就可以論一生的功過了。林則徐諡文忠，就是咸豐皇帝對他的評價。你的評價會是什麼呢？」

我從來沒想過這些，人活得時候好好的活，每天不浪費時間，盡自己的本份，死後無知無覺，管什麼死後哀榮？葬禮是做給活人看的，活人不看，喪葬費便可省下用在更好的地方；骨灰做花的肥料，不是化作春泥更護花嗎？正好那時溫世仁先生過世，自動自發去祭他的人擠滿了國父紀念館，我便跟母親說，人死如燈滅，人去茶涼。溫先生散盡家財，造福西北黃羊川的學子，就像南洋的陳嘉庚、林連玉出殯時路祭四十哩，路人送，不是比朋友送更有意義嗎？何必在乎喪禮的隆重？母親聽了默不作聲，但她最後在遺囑中說，她同意把喪葬費移作偏鄉孩子的急救金和教育費，同時要求子孫讀《古文觀止》中的〈五人墓碑記〉。

明熹宗時，魏忠賢亂政，給事中魏大中彈劾他，結果因此被捕。囚車經過蘇州時，周順昌不畏權勢，擺酒送他一程，並把女兒嫁給魏大中的孫子。魏忠賢知道後大怒，江蘇巡撫毛一鷺就拍馬屁，誣周順昌造反。周順昌被捕時，鄉里知道他遭受冤屈，送行人哭聲震天，逮捕周順昌的官吏（緹騎）更揮鞭打人，蘇州人久不滿毛一鷺，便群起反抗，毛一鷺躲到廁所才得以身免。事後追究，因當時情況混亂，不知反抗者有誰，毛一鷺便說：「無人出首便屠城。」結果有五個人挺身而出、慷慨赴難，救了全城。張溥便為他們作了〈五人墓碑記〉。

這五人生於市井之中，沒讀過什麼書，卻能有大義，真是「仗義每多屠狗輩，負心多是讀書人」。魏忠賢得勢時，常矯詔殺異己，所以知識份子噤若寒蟬，以致魏閹的聲勢愈來愈大，全國都設有生祠。但這件事發生後，魏忠賢畏義而不敢再囂張。那些在朝為官，應該為民喉舌的人眼見忠良被害，卻不敢發聲，跟這五義士比起來，是天淵之別。

張溥說假如當時五義士貪生怕死，他們會跟其他人一樣，與草木同朽，但是做了這件事，人們千秋萬載紀念他們。

母親要我們活得有意義，不必完成什麼大事，只要對別人有益就行。羅賓．威廉斯覺得他的人生不值得活，所以自我了斷，他不知道，其實他帶給人們很多歡笑。在異鄉寒夜苦讀時，他的一個笑話常使我們睡意全消，奮力再讀。

人不怕平凡，只要做好了平凡事，一生不平凡。

道德崩壞的危機——漠視作弊

之前有某藝人考試作弊被逮，有個學生知道我家沒電視，怕我不知道這個新聞，特地拿了張剪報來找我說：「老師，她作弊，還不只是小抄，是找真人作槍手，但是開個記者會，六十秒快閃，道個歉就沒事了，你卻不肯放我一馬，給我零分。」言下之意，我抓作弊是不合潮流，給他零分是過分了。

看到社會不把作弊當一回事，令我們這些把守品德最後一關的老師有「孤臣無力可回天」的感嘆。學生不了解，作弊最大的受害者是他自己，一個人若連自己都要騙，還有什麼不可騙的？我抓作弊一方面是維持紀律，另一方面是要逼學生去想，他為什麼要來念書？學習其實是辛苦的，學會以後才是快樂的，這麼辛苦，為的是什麼？

台灣現在的大學已經不能當學生了，學生被當，老師還得寫理由解釋為什麼。既然不論及不及格一樣都會畢業，又何苦去騙自己？

細想起來，學生不把讀書當一回事，是因為台灣的教育始終沒有讓學生看到受教育的目的。考試的分數究竟代表什麼？補考的意義又是什麼？而連補考都不來考，又代表什麼意思？

教育是要成本的，如果你不念書，全民繳的納稅錢為什麼應該用到你身上？補考是本著「不怕你犯錯，只要你不再犯第二次錯」的教育精神，給你第二次機會，怎可不感恩珍惜？從以前到現在，補考一直補到及格只有一個理由是正確的，就是民國四〇年代，蘭陽女中張校長所說的理由。在那個保守的時代，婚姻還是作媒的多，一個女生若留過級會嫁不出去。為此，在張校長任內，蘭陽女中沒有留級生。

其實教育真正的目的，不是為了讓學生擠進頂尖大學，而是為學生出社會以後的生活作準備。只要這樣一想就會了解，作弊一點意義也沒有，因為進頂尖大學所需要的技能，跟有一個成功的人生所需要的技能不一樣。

五十年前我們念書的時候，學校的教育是讓我們知道，人一定要工作，不但要工作，這工作還必須有意義；人要有朋友，你的價值是你留給後人的懷念，從朋友可以看出你是個什麼樣的人；人要有抱負、要有理想，即使不能做社會的中流砥柱，至少不能做米蟲，變成別人的負擔。

「人活著就是要有用」，是那時社會對我們最基本的要求。為此，當小確幸在台灣流行起來時，它令人擔心，怕它會讓年輕人失去理想和抱負。假如你的人生目的只是為了擠進頂尖大學，那麼進去後，你的目的達到了，後面就不知該幹什麼好，就會迷失。陳之藩說我們這一代是「失根的一代」，我們至少是有根，在尋找攀附，這一代是連根都沒有了，連自己是誰都不知道了。

作弊是小事，它所帶出來後面的隱憂卻是大事。一葉知秋，對目前社會道德的崩壞，不可等閒視之。

抱怨不是紓壓，是地雷

在報上看到一篇〈抱怨是健康的〉的文章，心裡有點不安，因為對大腦來說，抱怨是不健康的，它會使你負面情緒的迴路愈來愈大條，臨界點愈來愈低。以後只要有一點點的刺激，負面情緒就會出現，負面情緒會壓抑免疫系統，對人的健康產生不好的影響。

其實，抱怨最大的壞處是話說出了口，主控權就落入別人手中，一旦翻臉絕交，這些話就會變成把柄，對自己不利。通常愈是交待「千萬不要告訴別人」的話，愈是會馬上傳入那人的耳朵。抱怨不是舒壓，它是地雷。

抱怨很像騎木馬，它讓你有事做，但不會前進一步。人的時間如果花在抱怨上，就無暇找出解決方法。我念小學時，媽媽叫大我五歲的姊姊帶我去上學。但是一個六年級的孩子，是不喜歡有個一年級的小毛頭跟在後頭的，所以她一出門就走得飛快。我跟不上，呼喚她她也不理。我回家後向父親哭訴，以為他一定要責罰我姊姊。想不到他說：「她腳長，妳腳短，妳跟不上，但是妳可以用跑的呀！妳不能要求別人放慢，但妳自己可以加快，加快就趕上了。」我第二天就一路跑到學校，姊姊看甩不掉我，後來就慢慢走了。凡事要操之在己，不要去冀求別人改變，改變自己就不需要抱怨了。

美國哲學家詹姆士（William James）說，「改變心態就改變生命」，古人也說人要自求多福。人只要不比較就不會有煩惱。我剛畢業時，看到一個錢多到不知該怎麼花的人得憂鬱症，覺得非常驚訝。後來才知道，他在我們的眼裡是成功的人，但是因為他不接受他得到的東西，所以就不快樂了。

人的抱怨多半來自工作和生活兩方面。沒有任何工作是沒有壓力的，如果工作難度超越自己的能力，你有兩個選擇——要或不要這個工作。如果要，那就趕快提昇自己的能力以符合工作要求。有一部非常好的電影《關鍵少數》（Hidden Figure），描述一九六〇年代電腦剛面世時，很少人會用電腦，白人大學有教，但黑人無法去讀，黑人女性要保住工作就得自己去想辦法。電影主角中，一個是去打官司，讓白人學校允許她去上夜校學電腦；另一個則是去圖書館借書回來自學，最後美國太空總署（NASA）的電腦中心甚至以她的名字命名。所以不要浪費時間抱怨，把時間花在提昇自己能力上面，壓力就會消失。

若是覺得壓力超越自己能力太多，那就去找壓力小但收入少的工作。生活需求是有彈性的，就像顏斶所說——「晚食以當肉，安步以當車，無罪以當貴」。人要免除壓力最主要是要有正確的心態，看見工作的意義時自然會敬業，一個敬業的人自然不會抱怨。

抱怨不但於事無補而且會使你失去朋友，因為沒有人喜歡整天愁眉苦臉的人。卓別林說得好，如果一個笑話講了三遍就沒有人笑，為什麼一個不愉快的事要在心中翻三十遍呢？若真的想不開，就去寫日記吧，日記不會出賣你，反而可以使你從日記中看到自己的成長。

別用無恥治療羞恥

有一天跟同事上街去吃飯，發現學校附近一排的小吃店都把他們用的油擺在店門口，乍看之下很突兀。廚房用品怎麼擺到大門口來了？同事說夜市也是如此，這是昭告天下，他們用的不是黑心油，客人可以放心進來吃。但是我想，這個油今天可以用，誰知道明天這個油會不會也有問題被下架了呢？台灣的假東西太多，豆漿是黃豆粉泡的、溫泉是硫磺粉泡的、麻油沒有芝麻、蜂蜜沒有蜜……俗語說「民以食為天」，但是這天顯然塌下來了，讓我們就算口袋有錢也不敢吃。

大家考慮一下後，決定去吃餃子，因為餃子不必用油。但是叫了餃子以後又想——誰知道餃子裡的菜有沒有農藥？大家邊吃邊罵，有這麼好的化學技術，能調出以假亂真的配方，卻拿去做這種無天良的缺德事。同事更告訴我，他在西安買過假胡椒，外表一模一樣，完全分辨不出來，但是放到湯裡一煮就不見了，只見鍋底一層泥。

黑心油事件暴露出來的，是台灣的品德已蕩然無存了。人類最大的禍害是貪婪，把錢看得太重，人就變輕了，就從錢眼裡掉下去了。貪婪是無底洞，所謂「人心不足蛇吞象」，這些老闆都有幾十億家產，一生一世用不完，但還是要賺黑心錢，真如衛生署長所說，「再多的標示都抵不過人心險惡」。

其實現在人不只險惡，還是無恥，明明已被逮到，證據都在面前，還要硬掰，令人氣結。所以俗語說「人若無恥，天下無敵」。但現在最令人擔心的，是整個社會瀰漫著「以無恥治療羞恥」的風氣，明明做了見不得人的壞事，卻偏偏敢面不改色的大聲指責別人來轉移目標，好像大聲就有理，動不動就發動民眾上街丟鞋。民粹不能治國，它只是發洩的一種方法，發洩完事實仍然存在，於事無補。

我們小時候，學校門口有「禮義廉恥」四個大字，每天早上升旗時，校長會帶著我們念：禮是規規矩矩的態度；義是正正當當的行為；廉是清清白白的辨別；恥是切切實實的覺悟；然後念青年守則：一、忠勇為愛國之本；二、孝順為齊家之本……十二、有恆為成功之本。每天念一次，這些話經過反覆朗誦深入大腦，最後就會內化成行為準則。品德教育是潛移默化，當學校和社會都強調榮譽時，榮譽自然會成為生活的一部分。這時，千夫所指就會無疾而死，因為輿論已形成了維護社會正常運行的力量。

榮譽的相反是無恥，《禮記．中庸》說「知恥近乎勇」，在任何社會，知恥都是精神文明的支柱，只有知恥才能東山再起。少康中興、勾踐復國與周處除三害，都是最好的例子。近年來從塑化劑到食用油，造成社會沒有安全感，這其實不是衛生署或檢察官大力抓人就可以解決的，只有釜底抽薪，改變社會風氣，人人有品德，不再笑貧不笑娼，才能從根本解決這種無孔不入的黑心事件。

重建食安，不能只靠下跪

芬蘭有位教授趁著去中國大陸演講之便，來台灣為我們解惑，我很感激，便買了兩盒鳳梨酥打算送給他。我以為他會像以前一樣說：「這是我兒子的最愛，他一定會很高興。」沒想到這位教授看到是食品，猶豫了一下，婉拒說：「我現在在減肥，不能吃甜品。」我正要說這是給你兒子的，突然想起「好事不出門，壞事傳千里」這句話，想必餿水油事件國際已有風聞，尤其他從中國大陸來，一定更加清楚。雖然現在鳳梨酥是安全的，但是疑心生暗鬼，人一旦起疑，即使附上保證書，他也不敢吃，所以就算了。我心中很難過，台灣這幾十年來辛苦打造出的名聲，就這樣被黑心商人毀於一旦。

信任是一個很脆弱的鷹架，建造時一步一腳印，維護更是辛苦，但是只要一次投機就整個垮台。在這次的食安風暴中，我想唯一能東山再起的只有基隆的李鵠餅店，因為他們關門五天清理存貨，全部銷毀後才重新開張。雖然不是他們的錯，卻選擇不辯解，打落牙齒和血吞。店家把商譽看成第二生命，令人動容。其實台灣會走到這個地步，不是沒有跡象的，是我們自己太鄉愿了。

某年全民選出來的年度代表字就是「假」，那時台灣已經假得很嚴重了，塑化劑、假油、假米、假米粉、假麵包……但是我們沒有從立法、執法和品德教育等整個環節去杜絕，我們心存僥倖，以為事件爆發後，社會嚴厲的指責，官員和大老闆下跪的下跪、道歉的道歉，以後一定不會再有同樣事情發生，忘記了只要有錢賺，「殺頭生意有人做」。餿水油事件爆發時正好是中秋節，成千上萬的月餅銷毀倒掉，不只暴殄天物，從貧困中走過來的我們更是非常憤怒。我們不禁要問——政府在做些什麼？民生最重要的「食」為什麼沒有維護，讓我們的「天」垮掉？我們的法有保護善良老百姓嗎？為何三次去查地下工廠都查無實據？為何主嫌五萬元就能交保？

這件事從深處看，是人心的貪婪、社會道德的淪喪；從表層講，是法律的不周全、執法的不徹底，讓人產生僥倖之心。《韓非子》說：「荊南之地、麗水之中生金」，於是很多人去盜採。官府出告示，盜採之人抓到要「磔於市」。但是人們仍然採金不止。韓非子問：「如果給你天下，但要把你殺掉，你會肯嗎？」人們說：「當然不肯，即使最蠢的人也不會這樣做。」「但是金砂比天下差得遠了，為什麼你們要冒身裂的酷刑來盜採呢？」眾人說：「因為不一定會被抓到。」執法不嚴，人便有了僥倖之心，再嚴厲的法都沒用，而且樂而無罰，苦而無賞，法不公平，眾志難以成城。台灣現在的執法、立法及道德都出了問題，社會怎能不亂呢？

長久以來我們對「假」的容忍，使社會對「真」失去了珍惜，其實那些深藏在內，看不見的品質才是最重要的東西。現在只有三管齊下，法理並進、賞罰公平，找回人性中善的部分，台灣才有安樂的一天。

勇敢冒險，才有機會成功

愛滋病專家，中研院何大一院士來台演講時，鼓勵年輕人要有勇氣去冒險。他說一九八一年，他還是個小小的實習醫生時，有五個年輕人因為身體沒有了免疫力，死於肺炎等不該致年輕人於死的病，但是他們為什麼會失去免疫力呢？他很不解；他又發現這些人都是同性戀或吸毒，這有關係嗎？他很好奇。當時，他的老師們都勸他不要浪費時間在這個不知名的疾病上，但是他被這個致命的病毒所吸引，決定全力投入去研究它，三十年後，這個不知名的病毒造就了他的事業和名聲。所以他說作為一個科學家，除了要有熱情與毅力，還要有冒險的精神，敢去走人少的那條路。

他在演說中，引用了普林斯頓大學前校長夏彼洛（H. Shapiro）的話：「願意去冒失敗的險是成功的重要部件，如果不願意去面對失敗的危險，或是極力去避免所有的風險，會使你自願放棄成為領袖，變成一個庸庸碌碌的人。」這正是現在台灣年輕人的問題之一——生活環境太優渥，使他們不願放棄已有的生活，去挑戰未知的冒險。

不入虎穴，焉得虎子？其實只有願意冒險才會有新發現。不經一番寒徹骨，怎得梅花撲鼻香？但你怎麼知道這是一條通往成功的路？事實上，沒有人知道。你只能聽從你的心——當你白天思思念念都是它，晚上午夜夢迴也是它時，你就會知道這就是你的人生，就要像但丁說的「走你自己的路，隨別人去說」，勇敢走自己的路。第一個發明紫色化學染料的柏金（William Perkin）就是一個很好的例子。

早期染料是從植物如菘藍，或動物如胭脂蟲中提煉出來，價錢昂貴。直到一八五六年，年輕的柏金在他爸爸的閣樓裡，從煤焦油中提煉出苯胺，將它和其他元素合成紫色（mauve）染料，才打開化學染劑的新世紀。

當時他身邊的所有人，都反對他把時間投注在一個沒人聽過的事情上，他的指導教授，著名的德國化學家霍夫曼（August Wilhelm von Hoffman）甚至告訴他，如果柏金要研究紫染，就離開他的實驗室。柏金為紫色所迷，放棄了學業，他努力降低淬取苯胺的成本，找到單寧酸使染劑可以附著在棉布上（原來只能附著於真絲和羊毛），把染劑大眾化，但是依然沒有任何人願意投資他。幸好命運女神眷顧準備好的人，英國維多利亞女王在她女兒的婚禮上穿了件紫色禮服，同時法國拿破崙三世的皇后尤琴妮（Eugénie de Montijo）的眼珠是紫色的，所以她偏愛紫色衣服。紫色變成上流社會的顏色，柏金就成功了。

沒有熱情，碰到挫折就會放棄，沒有冒險就不會有創新。中國人一向保守，如果做和不做都是百分之五十的機率，大部分人會選擇不做。但是你要去做，一動，就改變了機率。即使將來失敗了你也甘願，因為你試過了。的確，安寧病房的病人都不是後悔做錯了什麼，而是後悔沒有做什麼。

古人有言，「擇善固執，雖千萬人吾往矣」，做才有希望。年輕人請勇敢地去追求彩虹的那一端，以不負此生。

人人會Google，小細節決勝負

我有三個學生成績一樣好，個性也都樂觀合群，但是在找工作上，其中一個找到兩個工作，有兩個還未找到，我不免有些好奇。我在喜宴中巧遇找到工作學生的老闆，就問他詳情。

他說現在年輕人在面試前，都會先上網看一下公司情形，也都能各言爾志，但是別人只在網路上看產品，這個找到工作的學生卻到光華商場實際看了成品，所以回答的深度不一樣。被問到若是進了公司，最想和誰共事時，別人的回答都是樣版——我是來學習的，不論跟著誰我都會好好學；這位同學卻能馬上說出名字及想學的東西，所以他被錄取了。老闆說，「當大家都差不多時，決定在細節」，令我深思。

有一個小故事。二次世界大戰結束後，大阪民不聊生，有個放貸的老人每天晚上把髒皺的鈔票在小火爐上一一熨平。有人問：錢就是錢，不會因熨平而多一點，何必如此費事？他說鈔票熨平了就像新鈔，給人的感覺比較好。就這一點差別，讓他後來成為銀行家。

這學生在細節上的確高人一等。有一次我中途攔截一位要去北京的美國教授先來台灣演講。依國科會規定，他必須要在兩個大學公開演講才能報帳，所以台北一講完馬上要趕去台南，第二天才來得及到北京。在高鐵站，這學生遞來一個潛艇堡，叫我不用買便當。這教授一見眉開眼笑，說他很怕便當會弄髒他還要穿好幾天的西裝。

我還他錢時，順便問他怎麼想到買潛艇堡？他說中午看到這位教授不太會拿筷子，就知道便當對他不合適，尤其去台南的車每站停，會不停剎車，麵包可能比便當好，所以就先買了。我說萬一我不要時，你怎麼辦？學生說：我媽說，替人買東西，一定要買萬一人家不要的話，自己可以要的，才不會浪費，所以您不要，我可以自己吃。我說潛艇堡比你平常吃的麵包貴一倍吧？他說不會，切一半賣給同學，還可以小賺一點呢。

很多人不在意小節，說「成大事者不拘小節」，其實小節是窺視人品的窗，小處不苟且的人，大處不會妥協。細節的注意需在生活中培養，這孩子有個好母親，平日有教導他做人做事的道理，成就了他的細心。杜威（John Deway）是對的，「生活教育比知識教育重要」！

企業不賺錢，別只想著要裁員

有一個學生回學校來看我，告訴我，最近有好幾個公司在裁員，他不幸是其中一員。他說自從裁員的風聲傳出後，大家都無心上班，有的坐在桌子前面發呆，有的到處找門路，整天風聲鶴唳，每個人惶惶不安過得很痛苦。當最後名單揭曉時，不管留的或走的，大家都鬆了一口氣。學生說他不懂，既然公司經營不善，已經快關門了，何不公開公司的財務情況，呼籲同事背水一戰，說不定還有轉機。努力爭取新客戶不是最大問題，沒有目標、沒有士氣、因循苟且，才是公司的致命傷。

的確，領導者的經營策略固然重要，第一線工作者的態度更是重要，我曾經下定決心去換手機，錢都領了，但是櫃檯人員的態度不好，只顧自己講電話，叫我想好了再告訴他，我就不買了。在競爭這麼激烈的時候，除非是必需品，不然沒有人願意花錢買氣受。其實即便是名醫，在供求不對等的情況下，也還有其他名醫可選擇。因此生意愈是不起色，愈是要激勵員工，讓他甘心為你賣命；裁員是下下策，當人心惶惶時，員工如何能替你好好賺錢？

公司一不賺錢就要立刻找原因，如改良升遷制度、增加員工福利、盈餘拿出來分紅，以激勵人心。同時，還得讓員工看到工作的意義，動力才會持久。不景氣的時候，市面上看不見錢，不是錢不見了，而是藏在人們的口袋裡。銀根緊，不表示沒有錢，只表示人不敢花錢，一份心理學研究發現，人一沒有安全感就會變得保守，採取「不行動」。

其實，開源勝於節流，裁員省不了幾個錢，但士氣一散，就潰不成軍。商場如戰場，戰場上打的是「士氣」，劉邦就是用「四面楚歌」這個心理戰術打敗了項羽。士氣是個看不見摸不著的東西，卻能決定小至一個公司，中至一個黨團，大至一個國家的存亡。民心向背的力量令人悚然而驚，正向心理學這二十年來的研究重點就在此，難怪執政者最怕有才氣而又不能為他所用的文人。

成功的商人能夠把人們口袋中的錢挖出來，成功的執政者也能夠給老百姓信心，使他們投票給他。我告訴這個學生，檢討老闆留別人不留你的原因，期許他改進自己，東山再起。

自耕自食能擋黑心食品？

我去參加喜宴，菜餚雖然豐盛卻沒有吃飽，因為肉類使我想起疑似用廚餘做成雞排的事件，青菜使我想到殘留農藥。看到大家跟我一樣不太敢下筷，實在很感嘆，原本物產豐饒的寶島，卻被人的自私與貪婪弄到民不聊生。

席間有人建議自耕自食，很多人附議，但這是不對的。一個進步的社會應該用長處分工，以最少勞力得出最大成果，而不是要拿繡花針的人去拿鐵槌。台灣的法律太落後，讓許多黑心商人無法可罰，他們的逍遙法外使得很多人前仆後繼的跟進，大賺黑心錢。

為了吃得安心，我們應該結合群眾力量去抵制黑心商人，使他們不能生存，同時鼓勵小農增產，並從教育著手，從小教育兒童了解化學毒物對身體的殘害，讓他們知道君子可以愛財，但取之要有道。

美國有個有機農藝家，她是芝加哥北岸的一位富人之女，念著最好的私立中學，預備要上長春藤學校。但她在高中時讀了《湖濱散記》、《麥田捕手》和赫曼．赫塞（Hermann Hesse）的許多書，開始對父母的生活型態感到不滿，覺得高級住宅區用肥料和農藥澆灌草皮，是在汙染大地。她對現實苦惱又不知該怎麼做，便離家出走，加入一個倡導綠能的公社。公社中有很多哈佛大學和麻省理工學院的學生，他們都對現實不滿，想盡一己之力去改變世界。她在公社生活了十七年，後來受不了公社不合理的思想控制，逃了出來，但心中仍然嚮往一個尊敬大自然，與大地和平共存的生活方式。她回到北岸社區教富人使用回收物，利用廚餘作堆肥，用合理方式生產食物，再將廚餘回歸大地，使大地更肥沃。她更去小學教學生耕作、親近土地。她認為孩子在成長的過程中，都會對自我產生懷疑，應該及早讓孩子了解生命的意義，不然一個對現實不滿、心靈空虛的孩子很容易被邪教所吸引而加入不法組織，就像很多富裕家庭的孩子去敘利亞加入恐怖組織，因為他們誤以為在那裡會找到愛。

土地孕育人類，人類怎麼可以不愛惜它？若要地球永續生存，只有從教育做起，讓下一代知道殘害土地就是殘害自己的生命。人不應勝天，而是順天，人必須與大地和平共存，才可能吃得安心、活得健康。

廢棄物王國的「升級再造」

一位從二〇一六年威尼斯建築雙年展回來的香港朋友打電話來，用「驚艷」二字表達他對台灣館的讚美。我跟他不很熟，接到這個電話有點納悶，突然想起，有一次在國際會議上，他批評台灣的教育僵化，教出來的學生沒有創造力，只有模仿力，我不服，於是跟他爭辯。我記得當時走出會場時，心中還暗罵「漢人學得胡兒語，站在牆頭罵漢人」，因為他是受英國教育，有點看不起華文學校。

想不到十年河東、十年河西，他竟然打電話來誇獎了。他說台灣在垃圾處理上是世界第一，他原以為垃圾不落地在華人國家中不可能做到，想不到台灣做到了！現在台灣升級再造（upcycle）做得這麼好，他要來取經，令我好生驚訝。

原來這次威尼斯建築雙年展，台灣館的主題是「台灣再製」，運用升級再造的觀念，不但把廢物利用、再用，還提昇它的價值，最終的理想是零垃圾。台灣學者把玻璃瓶打碎製成磚、砌成牆後，不但用火槍燒不壞，還可以防火隔熱，更可以隔音，是非常理想的建材；又如把收割後沒有用的稻麥秸稈，用生物科技方法，不加會汙染環境的強酸強鹼，製造成磚頭、木板來蓋房子，真正做到化腐朽為神奇，令所有人對台灣的技術刮目相看。

升級再造是在不降低原有的價值下，讓物品回復為原來的材料，重新設計新用途，這個概念是美國建築師威廉．麥唐納（William McDonough）二〇〇二年在《從搖籃到搖籃》（*From Cradle to Cradle*）書中提出來的。這本書用的就是升級再造做的紙，不只不易破，還可再用。若把裝可樂的鋁罐融化成原料，重新製造車子零件或新的鋁罐，這樣用的能源比重新提煉鋁原料節省了百分之九十。回收（recycle）只是延長東西的壽命，例如把一件舊衣剪成布條、編成地毯，它並無法還原成棉紗或棉花，最後還是變成垃圾。若能確切落實升級再造的概念，人類就不必再大量採礦、鑽油井或砍樹，資源可以節省給後人使用。

永續的觀念很重要，有道是「惜福才會幸福」。人一生的福氣像座山，年輕時花光了，年老就受苦，人要一邊享福一邊造福，才會幸福。

每個人都希望自己的基因能永遠流傳下去，正所謂「允世其昌」，如果大家都盡自己的力量節省資源，這願望是可以達到的，我們將透過子孫身上的基因永遠存在。

借鏡過去，不必撞得滿頭包

自從賈伯斯（Steve Jobs）二〇〇五年在史丹福大學畢業典禮的致詞上網後，很多人會在六月初時，上網去搜尋美國名校的畢業典禮致詞，因為每個學生都希望在他人生新階段開始時，有人傳授他生命的目的和人生的意義。致詞者都能跳脫過去四個S、五個E的老套，很誠實的把自身失敗經驗和對人生的領悟教導出來。尤其賈伯斯最後那兩句「求知若渴」的忠告，讓人有「人之將死，其言也善」的感動。我常想，假如我二十二歲時就知道我現在知道的東西，我的人生會不會不一樣？「要是我年輕時就知道」（If only the young knew），大概是人生最大的遺憾了。

二〇一六年哈佛大學畢業典禮的致詞者，邀請的是大導演史蒂芬．史匹柏，他特別提出歷史的重要性，說讀歷史系是對的選擇，因為要創造美好的未來必須借鏡過去。如果你不瞭解歷史，你就一無所知，就像你是一片樹葉，卻不知道自己是樹的一部分。人需要知道自己是誰，這需要知道自己的父母、祖父母是誰，不知道歷史，就會發生「重複發明輪子」的蠢事。假如歷史不斷在重複，我們為什麼會愚蠢到不去借鏡前人的經驗，而非要自己去撞到滿頭包才甘願？

但是現代的學生不讀史，常用「活在當下」作為藉口。他們不了解，活在當下是因為每個人都是過去經驗的總和，每天的生活綜合起來就是你的人生。尤其人必須不斷做出決定，而每個決定又影響下一個決定，萬一出錯時該怎麼辦？只有歷史會告訴你：拿得起、放得下是大丈夫；聰明人能把握機會，知道什麼時候出手，智者知道什麼時候該放手，所以拿得起的是聰明人，放得下的是智者。人可以透過讀史，成為智者。

書海太浩瀚了，所以只能挑好書看，培根（F. Bacon）說：「有的書只要讀一部分，有的書只需要知道大概，少數的好書需要精讀、細讀、反覆的讀。」好書就是放諸四海皆準、歷經時代的浪淘沙仍然存在的經典，如《史記》和偉人傳記。

史匹柏導演說他拍歷史電影，因為對抗仇恨唯一的方式是了解人性，每個人都需要愛，人只要有朋友，就不是失敗者。最後他說：學學ET，回家吧（Go Home）。

是的，家、親情、愛情、友情才是衡量一個人最後成敗的那把尺。

為什麼要錄取比自己強的人？

一個學生帶了一盆蘭花來答謝我，說是因為我在他畢業紀念冊寫了「為人點燈，明在我前」那句話，使他找到了工作。我因趕去上課，無暇問他為什麼，等下了課回到辦公室，看到那盆花，卻想不起來為什麼我會那樣寫，而不是寫一般的「鵬程萬里」。

幾天後，無意間看到書架上的《創意電力公司》（*Creativity Inc.*）才猛然想起，我那時正在看那本書，看到皮克斯公司創辦人艾德・凱摩（Ed. Catmull）去盧卡斯公司應徵時，被問到：「你會推薦哪些既懂電腦又愛電影、還會做特效的人來本公司做事？」他毫不猶疑地說了幾個最頂尖人的名字，因為創新需要許多聰明的頭腦來共事。他被錄用後才知道，其實盧卡斯早已面試過他提的那些人了，但是沒有一個人說出別人的名字，因為大家都想要這個工作。只有他，認為成大事必須靠眾人之力，便無私推薦了有能力的人，結果他反而被錄用了。我看到這一段很感動，便為學生寫下了「為人點燈」那句話。

一個成大事的人，必須要有海納百川的肚量，也要有不忌才的胸襟。凱摩在面試史密斯（Ray Smith）時很矛盾，因為史密斯曾在加州大學柏克萊分校教過書，也在史丹福大學旁邊的全錄研究中心做過事，兩個都是頂尖機構，如果讓一個能力比他強的人進來，終有一天他會被這個人所取代。可是要成大事必須要用人才，他最後還是僱用了史密斯，為皮克斯奠下成功基礎。的確，只有用比自己更聰明的人自己才會進步。諺語說得好，「現在的你和五年後的你，最大差別在你所讀的書和所交的朋友」，有時朋友比書本更重要。

這個學生後來告訴我，他一直找不到合適的工作，有一天突然想起我在課堂上說過，「愈是困窘的時候，愈是要走出去幫助別人，因為行動會改變機率，守成只會等死」，於是他便去附近的安養院幫忙，抱輪椅上的老人上床或如廁。有一個老人的兒子看到了，便請我的學生去他的公司做業務。他雖不擅講話，但誠懇態度更能打動客戶的心，所以業績不錯。他工作穩定後就想來告訴我，他現在明瞭，為什麼為人點燈會明在我前，因為看似替別人做事，其實是在幫自己舖路，善是會循環的。

齊柏林用生命教台灣的一堂課

二〇一七年六月十一日我從重慶返台，一下飛機，外子就告訴我「齊柏林墜機走了」。我目瞪口呆地望著他，說不出話來，眼淚卻不由自主地流了下來。我自己也不明白，從我父親走後，我不曾為任何人流過淚，我跟他非親非故，為何每次看到關於他的新聞報導就很難過？仔細想來，這是痛失英才的惋惜，是壯志未酬的遺憾，是天不假年的憤怒。

在現在一切向錢看的社會裡，還有誰會為了理想，放棄四百萬的退休金？在上有老、下有小的壓力情況下抵押房子，為保存台灣山林的雄偉、國土的完整，奮不顧身去拍不賺錢的紀錄片，來喚醒台灣人民的良知？大家為他哀傷，是他人格的感召，是為了一個英才的驟逝從心裡流出的眼淚。

過兩天，我去安寧病房看一個癌症末期的學生，他才三十五歲，卻已走到生命的盡頭。他看到我時費力地說：「老師，我不甘願，我什麼事都還沒有做，卻要走了。我走了，這世界多我一個不多，少我一個不少，船過水無痕，好像從來沒來過一樣。我後悔以前沒有聽您的話，現在來不及了。」我望著他不知該說什麼才好。他很聰明，可以念書，卻玩世不恭，沒有大志，是個標準的小確幸族。每次勸他，他總是嘻皮笑臉地說：「明天有明天的煩惱，幹嘛把明天的煩惱搶來，今天的煩惱會不答應呢！」一晃眼十年過去了，一個年輕人就這樣蹉跎掉了一生。

走出醫院在等公車時，我突然不再為齊柏林難過了，因為覺悟到他求仁得仁，做到了他的人生理想。比起不知道自己要做什麼的人來說，他幸運多了。如果他還活著，當然會為台灣做出更多貢獻，但是他已經用他自己的方式改變了我們，我周遭的朋友現在都不再用紙杯、免洗筷、保麗龍餐具，一個塑膠袋至少用三次才丟棄（我再收集別人丟棄的塑膠袋回家裝貓砂）。

齊柏林走了，但是他留下了影響，美國哲學家詹姆士（William James）說，「最善用人生的方式，就是將人生用在死後猶存的事務上」。人生自古誰無死？齊柏林這一生是值得的了。

「過錯是暫時的遺憾，錯過是永遠的遺憾」，人只有一生，豈能錯過？只是以現在的教育方式，還會有第二個齊柏林出現嗎？

心的反彈力，把壞事變好事

二〇一六年九月的梅姬颱風是這麼多年來，我所經歷最強烈的颱風。庭中大樹被連根拔起，在空中飛舞，我想出去救它，門卻被風壓著推不開。正在感嘆台灣流年不利、天災人禍不斷時，卻收到一封簡訊，劈頭就是「感謝梅姬」。

咦？我眼花了嗎？趕快載上眼鏡。原來是朋友當年那個不肯務農、賭氣離家的兒子回來了，不但幫他重整家園，還決定蓋太陽能溫室，減少天災損失。朋友感激地說，想不到壞事竟會帶出好事。

其實，逆境創造彈性，災難激發個人成長（adversity creates

resilience, trauma inspires personal growth）。人生很少一帆風順，但只要態度是正確的，逆境一樣可以使我們成長。

美國曾有個大型研究，問兩千多名不同宗教、種族、年齡層的人，有沒有經歷過重病、重傷、破產、離婚、性侵、受虐等三十七種逆境。平均起來，每個人有八項，當然有人完全沒有，也有人全有。四年後再去訪談他們，結果發現那些遭受中度逆境的人有著最低的沮喪、最高的生命滿意度。

原來逆境不是問題，態度才是。研究發現若能接受這個逆境的事實，決心從這次的壞經驗中學到教訓，內心就會產生反彈力，可以東山再起。美國的「母親反對酒後駕車運動」（Mothers Against Drunk Drive），就是一個母親在孩子被酒駕者撞死後發起連署，立法去保護別人的孩子。當她的孩子犧牲有代價時，她心中的恨就可以放下了。

人生不如意事十之八九，如果事情已經發生了，那麼請從中找到犧牲的意義，使未來能更好。這個正向態度甚至會影響血壓和膽固醇，因為這個力量源自內心。

人生有壓力是不可避免的，有意義的生活多半是有壓力的生活，雖然我們每個人都希望能像蘇東坡那樣，「唯願吾兒愚且魯，無災無難到公卿」，但那是奢想。台灣處在地震帶上，三不五時還有颱風侵襲，這是住在這個島上的附帶條件，所以不要浪費力氣去抱怨操之在天的事，應該趕快去想如何使損失減到最少。如果不能期待政府，那就自力救濟，每個人站出來為保護自己的家園出聲，互相監督使土地不被濫墾、工廠不能偷倒廢水汙染河川。當每一次災難都能更進一步的預防下一次的災難時，我們就跳脫了逆境和災難的魔咒，把壞事變好事。

幫助別人其實很自私？

一個學生問：「老師，為什麼『施比受有福？』演化生物學家道金斯（Richard Dawkins）不是說基因是自私的嗎？自己多吃一口就能多活一天，為什麼東西不留著自己吃？就算是人需要群居才能存活，對自己的族人好也就是了，為什麼要兼愛天下？」

這是很好的問題。最近神經科學家發現，原來「施」還是自私的，因為在幫助別人時，大腦會產生激乳素（oxytocin），它的分泌會帶動多巴胺（dopamine）及腦內啡（endorphin）的分泌，多巴胺是正向的神經傳導物質，腦內啡是大腦自己產生的嗎啡，這兩者的出現都會使我們感到快樂。母親在哺乳時，面孔都是安寧的、微笑的。事實上，母親緊張時，乳汁分泌不出來。連男性在照顧嬰兒時，他的大腦也會分泌激乳素使他變得比較溫和。所以當我們幫助別人時，我們會感到快樂與滿足，英文說「做好事心情好」（doing good, feel good）。我們能幫助別人表示我們的能力比人強、資源比人多，這使我們產生隱性的優越感。人喜歡被肯定，它更會使大腦分泌多巴胺，產生「贏」的成就感。

它是隱性的刺激，我們其實不自知，很多人在伸出援手時，絕對沒有想到優越感，但「贏」有演化上的重要性，成者為王，敗者為寇，輸者只能忍氣吞聲，被趕下寶座的老王常常連命都不保，遑論他的後代。有一個研究發現，發號施令者的免疫力比聽人差遣的受氣包強，因為心情愉快會增強免疫力，所以助人到頭來還是對自己有利。

道金斯是對的，演化的目的是盡量把自己的基因傳下去，但是自私不一定能多活一天。中國大陸有句順口溜，「有雞大家吃，大家才有雞吃」，你不分予他人，他人就會打翻你的碗，使你也沒得吃。墨子知道人不會檢討自己的短，只會嫉妒別人的長，當眼紅又得不到時，便會造反，只有兼愛，大家都有飯吃時，自己的飯才吃得安心。住在高牆中的富豪其實不快樂，因為他生活在恐懼中，隨時擔心不測。

俗語說「相由心生」，行善的力量竟然可以改變父母給我們的相貌，力量不可謂不大。現在世界動盪不安，「能打敗敵人是小智，能分清敵友是中智，能化敵為友是大智」，我們該怎麼應用大智去換取世界和平呢？

學習——未來成長的關鍵

社會新鮮人該學一學的人情世故

有感於現在大學生不了解出社會後的人情世故，阻礙事業的發展，所以暑假中我請學生去看約翰霍普金斯大學所開社會應對課程的書，書中講到許多職場的倫理和做人處事的道理，比如尊重別人的拒絕，也要堅定表達自己的意見，不可半推半就讓人誤會。人有權利分配自己的時間和精力，不要勉強自己去做不想做或不應該做的事，因為對別人說「No」就表示對自己說「Yes」，例如「你可以替我寫推薦信嗎？」「不好，我對你的認識還未深到能寫出好信的程度。」；「你可以投資我開的公司嗎？」「不行，但謝謝你問我。」；「你可以幫我寫報告嗎？」「不行，這違反我的誠信原則。」書上說你不必多加解釋，因為說「不」是你的權利，你不欠對方理由。如果對方十分頑固，不接受「不」的回答，你要像壞掉的唱片一樣重複說不，直到他退卻為止。

學生問：「這不是跟鍥而不捨的觀念衝突嗎？」過去學校都教我們要不氣餒、不放棄。老師不肯收你做學生對不對？沒關係，要抱持「程門立雪」的精神，一定堅持到對方軟化。究竟是要識相地知難而退，還是要厚著臉皮死纏爛打，一定弄到對方點頭才干休？

我很高興學生終於懂得思考，其實這兩個處理事情的方法並無衝突，它的差別只在對象是誰。如果事情操之在己，你要把一件事做好、把一個技術弄通，那麼絕對應該鍥而不捨、精益求精，因為你的堅持沒有妨礙到別人；如果事情是操之在人，那麼人家拒絕後就要尊重，不可拐彎抹角的糾纏。

婉拒是在不傷人自尊心之下，堅持自己的原則，它需要高度智慧。如「對不起，我那天家裡正好有事，不能參加」或「對不起，我現在不方便」。你不可以說「家裡有事？我可以改期」，或是「現在不方便？沒關係，我等你」。其實這種察言觀色的技巧，本來不必在大學裡特別開課教授，小時候眼睛看著大人處理事情就自然學會了。但現在時代不同了，很多孩子都不曾跟在父母身邊看他們處理事情，又不曾讀過世界名著或其他刻劃人生的小說，所以他們對學校圍牆以外的世界陌生得很，無法從別人含蓄的言語中猜到話語背後的意思，聽不懂別人客氣的暗示，因此就做出白目的行為來了。其實即使教，有時還教不會，因為這中間分寸的拿捏很不容易，要做到圓融而不圓滑、有骨氣而不傲氣，不是一天兩天學得會的。

其實，人生的幸福有很大一部分決定於我們能不能交到知心的好朋友，山窮水盡時，不要想「解脫」而要想「解決」，解決之道往往在我們累積的人脈中。假如我們訓練出來的大學生懂得尊重別人的空間、珍惜別人的時間、聆聽別人的意見、替別人著想，找人求助前先反求諸己，不推卸責任、不怪罪他人，那麼22K不過是門檻罷了，他以後一定是所有老闆搶著要的人。

面對生涯交叉路，順著熱情走就對了！

很多人都認為生涯可以規劃，其實不見得，因為世界瞬息萬變，當學生從學校畢業出來進入職場時，情況可能已經改變了，過分執著於計畫會阻礙機會的獲取。有一名台大新生疑因興趣不合想休學，家裡不同意，與母親吵架後，跳樓自殺，很是可惜。

其實人的興趣是要去做了，才會發現合不合。大提琴家尤虹文在《哈佛教我的18堂人生必修課》中說，當她接到哈佛大學的入學許可信時，不知該如何選擇，便去問了她的音樂系主任：「如果生命交叉口有兩條路，你怎麼知道哪一條是對的？」系主任說：「你得先去走了，才會知道。人生的路沒有對錯，重要的是心境，如果你真心熱愛音樂，即使去念了哈佛，最後還是會回到音樂的懷抱。」的確，生命中沒有什麼叫對的路，只有你決定的路，如果是一個很難決定的選擇，那麼不管選什麼都是對的選擇，因為選擇只是一個開始，圓滿的完成它才是目標。

人，尤其在年輕時，是很膚淺的，通常要經過行動，質疑，再行動後，才會發現自己真正的需要。管理學大師韓第（Charles Handy）在他的自傳《你拿什麼定義自己？》中說，他在牛津念的是古典文學，畢業後去殼牌石油公司應徵，經理問他：「你有管理的經驗嗎？」他很誠實地說：「我在大學讀的是希臘文和拉丁文。」但是公司還是用了他，因為牛津的教育是思考的訓練，人懂得思考便能做事。他說：「文憑只是個繼續學習的資格，它是教育的起點，不是終點。」是的，只要有學習的能力，懂得思考，便能做判斷，就可以被訓練成任何領域的能人，大學念什麼領域並不重要。

韓第說牛津大學的教育教了他什麼叫「好的人生」（eudiamonia）。亞里斯多德說：「德行（virtues）不是惡行的相反，人對金錢的貪婪才是通往所有惡行的路，財富本身沒有好壞，端看你如何去運用它。」因此好的人生就是盡全力去做你能做的最好的事。付出和得到一樣重要，服務和財富一樣重要，在古代，只有少數人能受教育，因此享有專業知識的人負有為他人解決問題的責任。

韓第的這些觀念，使他從牛津古典文學學士走上了商業的路，最後成為國際有名的管理學大師。他一直覺得人生無法規劃，只要順著你的熱情走就會成功。成功的人不是事先知道要什麼才行動，而是在行動後才知道自己要什麼。我曾看到很多學生抱定決心非讀醫科不可，考了N次，終於考上醫學院後，卻發現自己不適合做醫生。更多人是擠破了頭，好不容易擠進窄門，才發現這不是自己要的門。所以在未出社會前，應讓學生先去各個領域當見習生，教育孩子安貧樂道更是釜底抽薪，讓他能堅持理想、走對的人生路的方式。

天下沒有走不通的路，只有想不通的人，走錯路，退出來，重新來過，韓第便是如此，你也可以一樣。

機器人時代，更要閱讀力

最近有一群家長不再理會教育部不斷更改的大學入學規則，開始問：「如果我的孩子出社會要用到的知識還沒有發明，我現在應該怎麼教他，使他有競爭力？我要怎樣準備我的孩子，使他以後的工作不會被機器人所取代？」

這些父母的觀念很對。如果孩子在社會上是用長處與人競爭，為何去管他的短處？截長補短是個很錯誤的觀念，短處補來補去不如別人的長處，時間都花在補短上，就沒有時間去發展長處，這使得我們的學生找不到工作，也使他容易被機器人所取代，學校應該教育學生，用自己的長處去打別人的短處才對。

我每學期的最後一堂課都會請學生拿出紙來，寫下自認為比機器人強的地方，因為人若不知道自己要什麼，便不會去追尋。我看到逼著學生去思考什麼是人類所擅長而機器人沒有的時，他們臉上的迷惘會慢慢退去，露出曙光，他們會寫下同理心、應變能力、創造力……

的確，人類的優勢就在創新的思考和彈性的人際溝通上。一個外野手要接一個高飛球時，他會一邊跑一邊看著天上飛的球，嘴裡一邊喊著「我來接我來接」，瞬間他就真的接到了。但是電腦要模擬這個動作，可能需要一千個程式才做得到。所以這個立即辨識的能力是人類的長處，也是創新思考的關鍵。但是這個能力只有在擁有足夠的背景知識下才會出現。大醫師和新手醫師的差別就在此。

因為經驗要靠時間去換取，而人的生命有限，不可能去經驗世界上所有的事情，所以必須透過閱讀去內化別人的經驗。同理心和應變能力這兩個溝通的基本條件，也需要透過經驗去體會，更需要大量閱讀好的小說，透過故事情境產生同理心。因此在二十一世紀，孩子必須廣泛閱讀來增加他的觀察力、辨識能力和同理心，以強化應變能力。

目前台灣學生的同理心稀薄得可憐，許多惡作劇的悲劇都是因為不知道別人也會痛而發生的。例如國中生把剪刀插在同學椅子上，結果同學坐下時剪刀沒入直腸，讓他下半生都要用人工肛門；國二男學生在走廊上揮舞美工刀，結果一刀刺死經過的年輕英文老師。如果我們的學生只讀薄薄的幾本教科書，怎麼會有足夠能力去處理出社會後所面臨的人間百態呢？

這次台灣在國際學生能力評估計畫（PISA）的閱讀素養成績急速下降，更讓我們看到目前學生最需要的就是大量閱讀好書，從別人的經驗中擷取智慧，藉此培養出同理心和觀察力，來面對未來機器人的挑戰。

時間無情，經驗的老本是會吃完的。我去河南演講，他們的老師和校長都焦慮地說：「自從人工智慧程式AlphaGo打敗人類圍棋手後，我們就不知道該怎麼教我們的學生，使他們不被機器人取代。」中國大陸的積極對照台灣的無感，更令人擔憂我們的明天在哪裡。

沒了董狐筆，誰來維持公義？

台北市政府有個一九九九市民投訴專線，最近有學生去投訴某老師愛當學生，全班三十人，當了三分之二，及格人數不到十個。依市府規定，各局處接到民眾陳情後，六天內須給予回覆。這位老師接到教育局的急急如律令後，不得不放下手邊的事去為自己申辯。原來這些被當的學生都是缺繳作業、未參加小考的學生，因此無法加分。無獨有偶，也有個小學生投訴老師罰寫太多，經調查後才知道，他是每次犯規的罰寫都不寫，累積下來才變得這麼多。

這個新聞著實令人驚訝，學生自己有錯不反省，還去投訴老師，這是什麼世界？自從太陽花學運之後，台灣社會好像沒有了真理，變成隨人編派，誰的聲音大、吵得兇，誰就是對。君不見行政院對攻進立法院的學生撤告，但那些依法執行任務的員警，卻仍是「殺人未遂」的被告在等著開庭？

看起來，台灣的老師真是不能做了。教書要說話，說話時進入大腦的氧氣只有原來的百分之二十四（所以言多必失）；若是家有隔宿糧，誰要去做猢猻王？當老師主要是靠熱情，但現在政府任意拿老師開刀，加上學生這種無理投訴，真是再有熱情也教不下去了。

過去學生程度不好，我們怪老師「教不嚴師之惰」。但在現行制度之下，老師那敢嚴厲？台灣學生可以評鑑老師，國外學生雖然也評鑑老師，但那個評鑑只當作參考用，不像台灣明訂為占升遷的百分之二十以上（比例依各校不同），一處理不當，飯碗就不保。在這種情況下，師即使不惰也不敢嚴了。

台灣表面上保留了中國尊重知識份子的傳統文化，事實上，知識份子在台灣是很不被尊重的，連中研院副院長都會被立法委員叫到國會去羞辱，遑論窮酸臭的老師？

目前台灣的確沒人敢講真話，因為一出聲便被圍剿、累及祖宗八代。例如美國同意釣魚台是日本的，因為政府親日，便沒有人敢出聲抗議；台大那位已經被調查委員會認定論文造假的教授，不但不必退還國科會給他的一億多元獎助金，台大還要「繼續」發給他第三年的獎助金兩百五十萬元。大家看在眼裡、悶在心中，卻敢怒而不敢言。

這是一個危險的現象，因為知識份子是社會的良心，假使他們噤若寒蟬，社會便沒有公義，沒有了董狐筆，上位者便可為所欲為了。

平定太平天國之亂的清朝水師提督彭玉麟說：「士大夫之出處進退，關乎風俗之盛衰，天下之亂不在盜賊之未平，而在士大夫進無禮，退無義。」好個「進無禮，退無義」！老百姓是上行下效的，目前台灣之亂就在於此。難怪顧炎武說「士大夫之無恥，是為國恥」！

教育是國家的根本，學生程度不好，國家就沒有競爭力，但是一個不尊重老師的國家，它的學生程度又怎麼可能好得起來？

大人放不了手，孩子何來創意？

之前有幸應香港中文大學之邀，擔任邵逸夫爵士傑出訪問學人講座，有一週時間與逸夫學院的學生和老師切磋。因為台灣學生被批評缺少國際觀，我便留心看他們在這方面是怎麼做。

逸夫學院的學生每學期有四次正式晚宴演講。學院規定男生西裝革履、女生洋裝高跟鞋，跟演講者一起坐下來吃三道菜的西餐，餐後再聽演講。院長說，服裝的要求是使學生打從心中尊敬這個場合。人的行為會受到環境制約，衣冠楚楚時表現會比較文雅，就像喧鬧的孩子在進入教堂後會噤聲一樣。

從過去的講者如李遠哲、楊振寧、費孝通、邱成桐、何炳棣看來，這個講座的確是學院的大事，演講完的發問時間比演講時間還長，使院長有機會當場評估演講的成效。

我問經費的來源，院長說都是香港仕紳捐贈的，每名學生餐費為一百二十元港幣，出席便不收費，缺席要付一百二十元，因為學生必須養成誠信守諾的習慣，食物也不可浪費。那天演講結束是晚上十點，學生卻沒有散去。院長說聽演講是吸取別人智慧最快的方法，他們學生的視野便在這四年三十二場的超級演講中，逐漸打開了。

回顧台灣的企業家，除了少數如溫世仁基金會之外，似乎沒有香港太平紳士這種捐錢贊助通識講座的習慣；只靠公家經費在台灣的大學辦這種高級講座，幾乎是不可能的事。台灣的教育經費太少，香港城市大學一年有兩百億元新台幣的預算，台大只有七十億元新台幣，而台大學生卻比城市大學多了一萬人。香港城市大學的校長郭位是台灣清華大學的校友，他很自豪地說，法國國家科學院有四名院士在亞洲，這四名全在城市大學。目前他們媒體與傳播系學生的就業率是百分之百，聽了令我們羨慕不已。巧婦難為無米之炊，徒呼奈何。

我也有機會去香港兩所中學演講，老師們的問題不在學生，反而在父母身上。一個老師說，他有學生畢業後去當店員，上工第一週，母親天天站在對街看。開店自然要補貨，香港地狹人稠路很擠，下完貨後車必須馬上開走，因此店員得搬貨。這位母親看到兒子在搬貨，衝過馬路，對著老闆大叫：「你怎麼可以叫我兒子搬那麼重的東西？我兒子是來做店員，不是做苦工的，」接著對兒子說：「回家，媽甘願養你一輩子。」拉了孩子便走人。這位老師說，不是孩子不想長大，是家長不肯放手。她問：「如何使家長不依賴孩子？」

好個「依賴」，竟不是孩子依賴媽媽，而是大人不能接受孩子長大要離巢。當大人保護太過時，孩子沒有機會去嘗試新經驗，一個從來沒有試過新東西的人會安於現狀。老地圖找不到新航線，目光自然如豆了。

歌德說，「光是知道是不夠的，必須會用；光是願意是不夠的，必須力行。」（Knowing is not enough, we must apply; Willing is not enough, we must do.）要打開孩子的視野，除了給他新知，還得放手讓他去體驗才行。大人放不了手，小孩就沒機會探知外面不熟悉的世界，墨守成規的小孩，是不會有創意的！

教堂中震撼的歷史課

日前去愛丁堡開會，在路口看見一群小朋友排隊進入一座古老的教堂，便好奇地跟了進去，原來他們在這裡上歷史課。這教堂的四壁，刻著幾百年來為國捐軀的蘇格蘭子弟名字——「我主紀元〇〇年，高地〇〇兵團〇〇，為國王和國家奉獻了他們的生命，他們將永垂不朽。」這些小學生靜靜地聽老師講古老的戰爭，一邊看著石壁上他們祖先的名字。老師指著壁上的名字對一個學生說：「他來自你的家族。」對另一個說：「他是你的叔祖。」這些孩子臉上都浮出驕傲的表情，我在旁看了非常感動。歷史是一個民族的生存史，這種震撼的上課方式奠定了孩子的國家民族觀念，燃燒了他們的民族自尊心。

我想起接待我們的教授說：「在這裡不要提英格蘭，我們是聯合王國（United Kingdom）的成員，我們有自己的銀行、印自己的鈔票，我們不曾被人征服過，我們是驕傲的民族。」我忍不住問：「既然是驕傲的民族，為什麼你們的風笛聽起來這麼悲傷？」他說：「那是因為命運多舛。上天給了蘇格蘭很多苦難，磨練出人民堅忍不屈的性格，這表現在我們的音樂中。」的確，若是生於憂患，民族音樂當然是哀怨，但是「天勞我以形，吾逸吾心以補之，天厄我以遇，吾亨吾道以通之」。際遇不好又有什麼關係？「自古雄才多磨難，從來紈絝少偉男」。

我開始去附近的教堂走一走，發現每一座教堂裡幾乎都有殉道者、烈士的墓或碑，有一個教堂內甚至有個石棺上刻著「他在此被砍頭，為我主犧牲」。當為國家犧牲是件光榮的事，被自己後世子孫崇拜時，人就不會貪生怕死。一旦文官不貪財，武官不怕死，國家再小都不會被滅亡。文天祥在〈過零丁洋〉中說，「人生自古誰無死，留取丹心照汗青」，這些高地兵團的士兵小時候一定也被他的祖先帶來教堂，告訴他因為前人的犧牲，所以他現在不是亡國奴。他以後當然也會同樣捨生取義，因為小我的犧牲換來的是國家民族的長榮。國家民族的觀念沒有熱血的感動，是無法培育出來的。

愛丁堡的國家美術館在大學附近，而且是免費參觀的，我在中午休息時間走過去看了一下。它裡面的收藏豐富，很多老人家三三兩兩坐著欣賞，也有年輕媽媽帶著孩子，甚至推著嬰兒車在裡面看。我隨便問了一個帶著五歲孩子的媽媽：「他這麼小，看得懂嗎？」她微笑地說：「這是我們休閒的方式，他最好從小習慣。」是的，品味是要培養的，好習慣也是要教的，若從小就接觸到美的東西，長大後怎會去夜店找滿足呢？

在回程的飛機上，我看到教育部要編預算讓偏鄉孩子去看博物館、美術館的消息，心中非常高興，因為教育的事不是今天不做，明天後悔，而是根本沒有明天。品格教育及藝術教育一定要從小做起，希望這筆經費能長長久久編列下去，把民族的根苗培育好。

快樂，是創造自己的價值

一位童年好友因心情不好來找我。我們兩人價值觀相近，她父親至今用的還是民國四十二年出產的大同電扇，我家也還在用第一代的大同電鍋，兩個人的友誼不曾因她先生是電子新貴、住豪宅、開賓士而生疏。我見她憔悴了很多，問她怎麼回事？她說前一陣子，許多朋友勸她要「寵愛」自己，想吃就吃、想玩就玩，說黃土已經埋到一半了，還不快享受？她想想也對，便跟著貴婦團去國外血拚了一番。只是買的時候很快樂，回家後卻覺得空虛，甚至有罪惡感。尤其看到國中生暑假打工，被倒下的磚牆壓死的新聞，心中更是唾棄自己。這個罪惡感讓她很難受，晚上睡不好。

我知道她為什麼有罪惡感。我們長大的年代，父母教的是勤儉、不浪費，東西沒有壞不可以買新的，自己可以做的事不可請人做，花錢之前要先想一想明天的早飯在哪裡。她買了不需要的東西，違反了她的價值觀，所以就失眠了。

良心的確是最好的道德維護者，沒有一個地牢比心牢更幽暗，沒有一個獄卒比自己更嚴厲。心不安時，不管多麼可口的山珍海味，都是味同嚼蠟。我告訴她，解鈴還需繫鈴人，她必須找出自己的人生目標，才不會被別人左右。有目標的生活才有意義，有意義才會快樂。

人有被需要的渴望，很多自殺的人都是覺得自己不被需要，但這個「被需求」要靠自己去創造出來。你有能力，公司需要你；你是好媽媽，孩子需要你；你是好人，社會需要你。

很多人以為對自己好就是去花錢買享受，每天有小確幸就會快樂。其實快樂的唯一方式，是去創造自己的價值，使別人因有你而過得更好。物質享受是短暫的，再好吃的美食，酒肉穿腸過，一天之後便無影無蹤，若沒有更高層次的精神寄託，大吃大喝後，大腦因為「飽和」、感覺遲鈍了，反而更空虛。古人說得好，「廣廈千間，夜眠八尺」，物質上的欲望只會加重心靈負擔。

很多人把人生目標定為追求幸福，但如果要靠外力才會幸福，那這個幸福不會長久，因為真正的幸福是追不到的，它源自你的心。江上的清風、山間的明月，取之不盡用之不竭，若無閒事掛心頭，清風明月便是幸福，何需追求？

最近朋友寄給我一個泰國廣告，是一個年輕人走在街上，看到樓上冷氣機在滴水，便順手把一盆枯萎的花移過去接受滋潤；一隻流浪狗在看他吃午飯，那眼神使他把雞腿給了狗；一對母女在乞討，他彎下腰把皮夾僅有的兩張鈔票分了一張給小女孩。鏡頭一轉，花活過來了，狗兒跟著他回家了，小女孩上學了。我不知這個廣告在賣什麼，但是它使人微笑，覺得幸福。

小確幸不會帶來大幸福，但是小慷慨卻會造成大幸福，因為前者為己，後者為人。要快樂不難，找到自己喜歡做的事，專心去做，成敗不在考慮中，便會得到極大的心靈快樂。

政府撞鐘，鐘有響嗎？

一個學生去應徵工作，三個月試用期滿後未獲留任。他忿忿不平地來跟我說：「老師，太不公平了，我每天都自動加班，把工作做完才回家，我是百分之百的做一天和尚撞一天鐘，為什麼不留我？」我一方面安慰他，一方面提醒他：「你確定你撞的鐘有響嗎？」他愕然。

現在有一些不肖老闆，知道文科學生找工作不容易，就大量僱用新人，試用期薪水低，等於是廉價勞工，試用期滿，又換另一批新人，非常可惡。但是不可諱言的是，目前社會上也浮著一種「有做就好」的心態，不管效果如何，我有做就是了。所以現在很多事都是「半成品」，有做，但沒有效果，白白浪費了時間、金錢和精力。

在現代職場，不但要把事做完，還要用心把事做好。一個契約寄出去後，不是我的責任就結束了，還要打電話去問收到了沒，才算結案。舊金山的英特爾公司牆上有個標語——「把對的事情做對」（Do the right thing right.），就是這個意思。在現代，不但要做對的事，還得做對，達到「你辦事，我放心」，才算合格。就像台北市發生一件憾事，辦事人員盡了責（responsibility），卻沒有當責（accountability），結果造成了浪費。

台北市新生高架橋下有個民間認養的滑板公園，因期滿不再續約，市政府體育局的辦事人員便按照契約，要求回復原狀。但是台北市可供滑板的地方很少，現在又少一個，民眾感到不便，在民意代表的要求下，市政府現在要花錢重新去裝回原來的設施。

其實公園內的設施是Nike舉辦比賽時留下的，不是該公司的。辦事人員只要不要求恢復原狀，便可以由市政府接手，繼續經營下去。這樣，對方不必花錢拆，體育局不必出錢裝，老百姓仍然有地方可滑板，是一舉三得。只要承辦人員多想一點，老百姓的納稅錢就省下來了。

像這種例子不勝枚舉，南投有一位老先生自己出錢辦了個教養院來教育他的智能障礙女兒。因該區沒有公立設施，鄉里的人便把有相同情況的孩子送過來託他照顧。孩子愈來愈多，空間便超越了「一個孩子至少五坪」的規定，結果被縣政府開罰單、停止補助。老先生說：「我也不想收這麼多孩子，但是你能把他們趕出去嗎？」人民有這個需要，但公家沒有足夠的設施，承辦人員應該以解決問題為中心，坐下來跟老先生一起想辦法來使它合法，而不是開張罰單就了事。

今天的政府施政會招惹民怨，就在它少了點「人味」，公務員為了保護自己，不敢多走一步，生怕被告「圖利他人」。其實，公務員為民服務，這個「他人」不就是老百姓嗎？

我們過去「只問耕耘，不問收穫」，但在現代，這已經不夠了，除了效率（efficiency）外，我們還要求「效果」（effectiveness）。我曾見一個父親因女兒咬手指而在大庭廣眾下甩她一個耳光。我問這爸爸：「你打了她，她就不啃手指了嗎？」他說：「還是啃。」我問：「既然還是啃，表示打沒有效，你為什麼還是打她？」

做事要有效率，若是無效，又何必做呢？

大學省錢，也不該省到圖書館

每逢大學校長遴選，大家就會討論領導人應該是什麼樣子。每個人心中都有一個影像，就是無法把它具體化。我看到一篇專訪加州大學聖塔芭芭拉分校校長楊祖佑的文章，不禁拍案叫絕，這就是我們心目中領導人物的樣子。

楊校長擔任加大聖塔芭芭拉分校校長期間，催生了六位諾貝爾獎得主，一下子把聖塔芭芭拉分校變成諾貝爾獎搖籃。我來自加州大學系統，很知道在經費來自州政府的公立大學做校長，有巧婦難為無米之炊的痛苦，很難和財力雄厚的史丹福、哈佛等私立大學比拚。楊校長是我好朋友的姊夫，所以我很早就認識他，看了這篇報導，過去在閒聊時，他所講的話意義就出現了，原來領袖能力就是服務能力，校長服務全校，負責替有能力的教授提供最理想的研究環境。他說一流教授會吸引一流人才來相聚，一流人才多了，學校的聲望就起來了。現在的研究都是跨領域，跟過去閉門獨自鑽研很不一樣，一流人才碰上一流人才所激發的火花，比國慶煙火還璀燦。

他說，很多人只看見學校請大牌教授花錢，其實是賺錢。他舉了一個例子：有位大牌教授，他的高薪可以雇用四個助理教授還有剩，但是他每年帶進來的巨額經費不但支付他自己一半的薪水，還夠支付十九位研究生和四個博士後研究員。後來這位教授病故，學校聘了比較便宜的教授，結果預算反而無法平衡了。所以節省成本無法創造價值，但聘用人才可以，節流不如開源。

可嘆台灣只會節流，不會開源，二〇一五年政治大學圖書館曾公告週日不開放，因為「預算有限」，看了令人不敢相信。台灣的名校怎麼省錢省到圖書館上來了？關閉圖書館省不了多少錢，卻讓人感到該校對教育沒理念，對學術研究不重視。試想，台灣現在一邊在海外招生，一邊讓學生看到圖書館週日要閉館，我們怎麼去跟其他學校爭取好學生呢？

近年來大家在討論人才出走時，大多都怪罪在薪資，其實研究顯示，薪資只是人才出走的第四位誘因，排在能不能得到老闆重用、自己所長能不能發揮、團隊和不和諧之後。當年有許多人放棄美國高薪回台灣做事，就表示薪資不是留住人才唯一的因素。

楊祖佑校長說，讓人才有適得其所的信心比高薪更重要，有大樓不一定能培養出一流教授，但有一流教授，自然能建出大樓。清華大學前校長梅貽琦也說，「大學者，非有大樓之謂也，有大師之謂也」。可是到現在為止，台灣還是把錢花在蓋大樓上，不願意請大師。大師當然也不是一請就來，所以楊校長看到好的人才都會三顧茅廬的去請。他很了解讀書人是「你以國士待我，我以國士報之」，懂得用誠意去打動他們。這讓我想起台灣有一所以師資培育為主的大學，給老師的聘書竟是塞在信箱，上面還蓋上「兩週內不交回人事室，以作廢論」的章，令人寒心。有這樣對待老師的校長，怎能期待有人才願意留下來為他效勞？楊祖佑校長的辦學理念，值得台灣所有從事高教的人好好思考。

給年輕人榜樣和志氣，隨他們去吧

有人因講了一句「現在年輕人很會花錢」就被圍剿，讓我對台灣目前的民粹風氣感到憂心。一個人只要不是造謠，都有權利講他心中想講的話，這是最基本的言論自由，不可被剝奪。

其實，每一個世代都曾被自己的上一個世代嫌棄，說是「一代不如一代」，可是每個世代也都替人類文明做出了貢獻。我們只要給年輕人典範，讓他們知道是非和倫理，時代自然會去磨練和改造他們。

健忘似乎是人類的通病，人長大了，常忘記小時候仰望大人世界的心情，因此我們要提醒自己，蹲下來從孩子的角度看事情。當我們罵孩子不聽話時，也要反省自己有沒有聆聽他們講話。溝通不良常是世代差距（generation gap）發生的原因，人只有穿過別人的鞋子，才會知道別人走路的感覺。也因為人健忘，所以我們必須不停看書，從別人的經驗中了解世代運轉的模式。

美國國家廣播公司（NBC）前晚間新聞主播布洛考（Tom Brokaw），自一九八三年起擔任這個職務，是世界公認最有影響力的主播之一。他在諾曼第登陸七十週年時重返當年搶灘的灘頭，並訪問倖存的士兵，寫了一本很好看的書《最偉大的世代》（*The Greatest Generation*）。這些垂垂老矣的士兵當年都是小伙子，他們自九死一生的戰場歸來後，有的當上總統，比如隸屬於海軍航空隊的喬治・布希，有的當上國務卿，例如來過台灣的喬治・舒茲（George Shultz），也有的人最後平凡過了一生。他們的人生際遇雖然不同，但這個世界都曾因為有過他們而更好。

那個時代的殘酷待遇（世界大戰）給了他們磨練，教會他們感恩。一九八八年的諾貝爾物理獎得主利昂·萊德曼（Leon Lederman），本來完全不可能念大學，但是美國的《軍人權利法案》給了他機會，開創了他不一樣的人生。他們感謝上天沒有讓自己死在諾曼第灘頭，一個老兵說，我們這些活著回來的人，必須代表光榮陣亡的戰友，使自己的生命更有意義。他們成長在美國經濟大恐懼的時代，但是他們沒有抱怨父母、責怪政府，他們想辦法把一副爛牌打到滿貫。

支持他們活下去的，是「明天會更好」的信念。例如有人被德軍俘擄、嚴刑拷打，要他講出部隊的行蹤，他守口如瓶，因為用同袍的死換來自己的活是會被人唾棄的，再怎麼痛苦也不能出賣隊友。他也一定要活下去，因為家鄉有未婚妻等著他歸來。信念和希望支持人們走過人類所不能忍的苦，這就是我們要給現在年輕人的榜樣。

時代永遠在考驗青年，每個時代的要求不同，我們沒穿過年輕人的鞋就不能怪他們走得慢。青年也在創造時代，因為每個時代的成就都來自那個時代的年輕人。一九七〇年代如果沒有比爾·蓋茲，一九八〇年代沒有史帝夫·賈伯斯，二十一世紀初期如果沒有馬克·祖克柏，這個世界會很不一樣。人健忘又喜歡怪罪別人，所以要勤讀書來提醒自己不要重蹈別人的覆轍。

未來是屬於年輕人的，紀伯倫說得好，我們就是在夢中也進不了他們的世界。我們只能給他們榜樣和志氣。「舜何人也，予何人也，有為者亦若是」，其餘的就隨年輕人去吧，因為那是他們的世界了。

對社會有利才是好研究

人才是二十一世紀競爭的命脈，澳洲的麥奎爾大學（Macquarie University）在網羅世界名師到來後，果然在澳洲研究委員會（Australian Research Council，相當台灣的國科會）激烈的競爭中脫穎而出，拿到認知與精神疾病的卓越研究計畫。因為多年的合作關係，我去了它的成果發表會。

我驚訝地發現，第一場竟是公關組的推廣（outreach）報告。原來澳洲研究委員會認為研究經費來自納稅人，人民有權了解成果的意義，所以要求研究者走入社區，協助父母教育聽障或學障的孩童，或幫助精神分裂症的家人接受患者。

中正大學前校長林清江很早就有這個觀念，他要求每個系所去嘉義的文化中心，把自己所做的研究講給市民聽。當時很多人反對，認為一般人聽不懂，只是白費力氣，但林校長對這件事相當堅持；因為心理學的研究跟生活很有關係，所以我們系老師上陣的機會最多。

我父親也認為研究必須對人類有益，他說：「五十歲以前，你要盡力證明給別人看，你不是扶不起的阿斗；五十歲以後，你要把所學的回饋社會。」所以別人不能去講時，我就去代打，反而使我學會如何深入淺出地把一個議題講清楚。應用可以校正研究的方向，而研究使應用更為有效，這是一個雙贏的策略。

很可惜台灣的官員和學者看不到這一點。我記得剛回台灣不久，閱障家長協會邀請我去演講，那時沒有網路，家長搜尋不到資料，我對父母那種不知孩子為何會這樣，求助無門的心情非常同情，於是答應去演講。不料，那天我偏頭痛發作，無法下床，只好向一位同領域的教授求助。他是我一九八四年回台教書時的同事，我以為他一定會答應，因為這是只有兩個小時的公益活動，想不到他一口回絕：「我不作非學術性的演講。」家長協會不是大學，所以他不肯去。我沒辦法，只好拿著塑膠袋一路吐到會場。想不到一站上台，全神貫注的演講，頭就不痛了。那天我真的很高興，自己的所學可以對別人有幫助，深深感到「應用」的意義。

至於計畫透明對研究者更好。曾有人汙蔑我，說我一個人就拿了兩千多萬研究費，其實我只是召集人，整個大型計畫內有十三個子計畫，每一個子計畫的主持人都是原住民教授，計畫宗旨是從文化著手，以提昇部落的科學教育，栽培部落年輕人為目標。但是一經立委質詢，計畫立刻被停止，官員以為沒了計畫，就沒責任。若是台灣也有推廣的規定，那麼計畫真相人民就可一目瞭然，別人無法抹黑，想做事的人也不會被綁手綁腳、有志難伸了。

麥大計畫的宗旨是基礎研究，但是他們徹底執行推廣後，製作電子耳的公司馬上來跟他們談產業合作；老百姓看到研究可以實際幫助自己的親人，小額捐款就大幅成長。基礎研究跟應用本是一體兩面，互為表裡的。

羅賓森（Ken Robinson）說，「觀念奴役我們，也能解放我們」，只要制度支持，台灣就有能力在國際學術界上大放異彩。

技術容易學會，難學的是大師精神

看了「世代共享」的報導，我終於了解，為什麼以前的徒弟跟師傅是「夫子步亦步，夫子趨亦趨」，師徒二十四小時都在一起了。原來技術容易學會，難學的是大師精神，它需要觀摩、體會，還要有足夠的智慧去領悟。

我們在大腦上看到為什麼「精」以後，還可以更求「精」，不停突破：大腦像個草原，第一次走時草被踩扁，一個淺淺的道路出現，第二次、第三次再走時草被踩得更扁，路變得更寬，當走過千百萬遍時，一條康莊大道就出現了。這時閉著眼睛也不會走歪了。從核磁共振的影像顯示，第一次做一件事時，大腦要花很多資源去處理，第二次再做只需要上次一半的資源，三次以後資源耗費的曲線就開始平緩下來，等到成習慣後，就幾乎不花任何大腦資源了。到這時，大腦就可以釋放出原來要用的能量，去注意本來無力注意的細節，所以才能精益求精，好上加好。

我第一次看江振誠的《初心》時很受感動。為求藝，他可以削兩年的馬鈴薯，削到最後，一拿起來就知道馬鈴薯的產地、種類和澱粉量，因為大腦對馬鈴薯的處理已經自動化，所以他有足夠的資源去細做分辨，判斷這顆馬鈴薯適合烤還是煮。這個專家級的能力，沒有累積足夠的經驗是無法達到的。

有一個很有名的記憶實驗，是給西洋棋大師和生手看一盤下殘的棋，請他們重新擺回。生手看五分鐘，無法把棋擺回去，大師略看一眼，正確率百分之百，大家都以為是大師記憶力好。其實不然，棋子沒有按照棋譜，亂擺時，大師跟生手一樣差，因為大師失去了棋譜帶給他節省腦力的優勢。所以下苦功是所有成功的起點，它有大腦上的原因，偷懶不成的。

任何技術只有在登峰造極後，才有機會成為藝術，它需要深厚的文化修養才能更上一層樓。這次「世代共享」最突出的地方，就是每位大師都擁有豐厚的內涵，其次就是師傅不藏私，願意把這個不易訴諸文字、只能意會不能言傳的心得精華，傳授給跟他沒有血緣或利害關係的人。這個利他的精神值得敬佩。

期待這些有緣的徒弟，能站在師傅的肩膀上看得更高更遠，為台灣的經濟打開一個新的局面。

看電影給偏鄉孩子機會

最近擔任一個作文比賽的評審，我看到只要一點點資源的注入，學生的程度就能提昇很多；又看到惠明育幼院的盲童，冬天想吃頓熱的咖哩飯卻沒辦法辦到，感慨很深。

文明社會的基本倫理，是我們每個人都應該盡可能讓生命是一場公平的競爭。有一家做投影機的公司去學校進行售後服務時，看到很多偏鄉孩子從來沒有下過山、沒有去過台灣本島、沒有進過百貨公司或電影院，文化刺激的差異影響他們的學習，阻礙他們後來人生的發展。投影機公司決定撥出一部分盈餘，利用學校已有的投影機，租好電影，請老師放給學生看。

因為做的是教育，不是娛樂，所以需要知道學生是否有從電影中學到東西，因此他們舉辦徵文比賽，第一名頒發獎金五千元，第二名頒發三千元，第三名頒發兩千元，佳作五名，每人一千元。這筆錢在偏鄉來說數目不少，因此學生都專心看電影，用心寫心得。五年之間，全國有五十五所小學參與，播放電影一千三百場，嘉惠了十二萬名小朋友。

今年的評審有三名，我忝為其中之一。公司為了公平起見，給我們看的稿件是經過打字編號的。當我們各自看完，聚在一起決定名次時，發現選出來的頭三名竟然都一樣，在這種主觀性很強的審查中，有這麼高的一致性，令人驚訝，真是英雄所見略同。尤其我們三人來自非常不同的背景，顯示這些孩子的寫作能力已達到相當水準。我自己寫專欄，深知文章寫長不難，寫短不容易，他們要在三百字到五百字內把電影故事交待清楚，還要寫出自己的感想和反思，真是不簡單。

揭曉後，發現得獎者都是一開始就參加電影欣賞、那幾所偏鄉離島學校的學生。在這五年中，因為有機會接觸到不同文化，打開他們的視野，使他們懂得思考，因而大大提昇了他們的作文能力。我從第一屆便擔任評審，目睹了僅僅是簡單的看電影，便能提昇孩子的學習能力，深深感慨國家經費未能用在刀口上，若能多挹注一些資源到需要幫助的孩子身上，台灣的貧富差距可以縮小很多，因為教育是脫離貧窮唯一的機會。

念遺傳學的人都知道「種子和泥土」的關係——最差的種子種在肥沃的泥土中，可以長得跟最好的種子在最差的泥土中一般高。教育的成效很慢，它如白居易所說，「栽植我年晚，長成君性遲」。它不能立竿見影，但只要持續去做，一定會有成果。我們為什麼不把政黨內鬥所虛耗的國家資源，用到這些弱勢孩童身上，或許台灣會出現下一個李光耀也說不定呢？

愛閱讀，決定國家前途

期中考時，一個學生邊寫邊抱怨：「讀這些書有什麼用？」我聽了，不由自主想起日本「青空書房」老闆坂本健一的一句話。

二次世界大戰結束後，大阪一片焦土，坂本健一回鄉時，發現家裡什麼都沒有，只有一堆他出征前買的岩波文庫書籍。因為實在沒有任何值錢的東西可換米，他只好將書抱到黑市去賣。那時戰爭剛結束，大阪無水、無電，他心想，這種時候怎麼會有人要看普魯斯特的《追憶似水年華》、卡夫卡或沙特的小說呢？想不到書一下子就賣光了，他的青空書店就這樣開始了。

他說：「那時日本人對這類知識的憧憬和需求極為強烈，正因為有這樣的百姓，日本才得以復興。閱讀本身就是一股潛在的原動力，不看書是人生的重大損失。」這句話很令我感動，日本會興起就是因為明治維新時，大量翻譯歐美新知；戰後可以很快復興，也是因為國民對知識有憧憬，可以在肚子都填不飽時去買書來看，而且不是那種教你如何投資賺錢的書。一個國家的前途，決定在其人民的教育程度和品格的高下，當人民對精神糧食的需求勝於物質欲望時，這個國家就會有希望。

反觀台灣現在的學生，對學術無感，對知識冷漠，連自己學業本科的東西也沒興趣，他們想知道的就是這個理論現在怎麼說、它會不會考？或許是現在學生都用臉書或推特來溝通的關係，他們答的考卷也是三言兩語，生怕多寫一點就折了手骨。短小輕薄大概是楊振寧批評台灣學生「懶」的原因。

其實短小輕薄不利溝通，有一次國文考試「蘇軾稱王維＿＿」，老師要的答案是「詩中有畫，畫中有詩」，有個學生寫「舅舅」。他答錯了，我卻覺得這要怪老師少寫一個字，題目若改為「蘇軾稱讚王維」，學生就不會會錯意了。我倒覺得這學生有思想，一個姓蘇，一個姓王，只有「舅舅」才有可能。

李光耀曾在世界閱讀協會的年會中指出，快速吸取訊息和正確表達自己意思的能力，是二十一世紀競爭的兩個條件，請問我們有針對這兩個條件來訓練學生嗎？當我們高呼跟世界接軌時，若我們的軌跟世界之軌是不同寬時，怎麼接得上呢？

遇見老後的自己，看誰還敢揮霍

兩年前，離二〇一六年總統大選投票日還有兩個星期，不少僑胞已經回國，他們除了投票之外，還到處去參觀養老村，因為台灣是退休最理想的地方，不但醫療技術好，看病比美國還方便，而且落葉歸根，人老了想回家。

在跟他們談天時，我隱約感到他們有不安，細究之下，這不安來自心靈深處的不安全感。人最怕老來窮，坐吃山會空，萬一錢花光了，人還活著怎麼辦呢？雖說有健保，但是特效藥需自費、看護要自理，許多人後悔年輕時沒有多存一些老本。

遠見不是人的長處，雖然小時候都念過「光陰如白駒之過隙」，但仍覺得時間走得很慢，老是很遙遠之事。想不到一晃眼，嬰兒潮的人就要退休了，真是「昔日戲言身後事，如今都到眼前來」。以前我不懂，為什麼孔子說老了要「戒之在得」，現在我知道，人老了，做不動了，但還是要吃，這時不安全感會使人冒險去貪汙收賄，把一生清譽毀掉，所以老時要戒之在得。

老年要有安全感，年輕時就必須儲蓄，但是年輕人都不愛聽說教，怎麼使他們將來不後悔呢？尤其演化是以處理眼前危機為第一優先，大腦連處理眼下和未來事件的地方都不一樣，要怎麼使他們「少年有知」呢？

紐約大學有一個實驗很好，他們用電腦來虛擬人老時的情況。學生來到實驗室，看著鏡中老年時的自己，這個軟體會使自己和鏡中人形成一體，自己笑，鏡中人也笑；自己動，鏡中人也動；自己說話，鏡中人也說話，聲音還是從鏡中人的嘴中出來的。做完這個部分後，實驗者請他們用一千美元編列生活預算。結果發現，在鏡中跟年老自己互動的學生撥入退休金中的錢，比沒有在鏡中看到年老自己的學生多了兩倍。研究還發現，實驗組學生在看到行為的後果後，道德和行為改善了很多，變得比較誠實，不混水摸魚，也較不遲到早退。

人苦於不自知，知道了就不會去做後悔的事。當人無法想像很久以後的事時，會把老年的自己當作不相干的他人，就不願犧牲現在的享樂去為「他人」儲蓄了。

千金難買早知道，這個軟體可以幫助學生早一點體驗未來。人一旦知道了後果，現在的行為會很不一樣。

教墓誌銘刻什麼，更勝填鴨考試

二〇一六年的台北從一月起，雨就下個不停，衣服怎麼曬都不會乾。前幾天打開櫥櫃，赫然發現裡面的東西生霉了。在清理時，看到櫥底有一張墊紙，是兒子念美國學校時不知哪一科的作業，上面印著——當你離開人間時，你希望你的墓碑上刻著「這裡躺著一個——的人」。我看到孩子先填「有愛心」後來又改為「值得尊敬」；第二行是——在追思會上，你最希望你的朋友描述你是個——的人，孩子填「影響我最大」；最後一行是——你要如何達到上述目標？孩子寫，「我必須先有專業知識，才能有效地去幫助別人；我必須先能養活自己，才有能力去照顧別人；我必須活得很長，才可能對別人產生影響。」看到這份作業我很驚訝，因為我不知道自己會怎麼填，更慚愧的是，我竟然十年沒有去整理這個櫃子。

我十七歲時，完全不知道自己的人生會是怎麼樣，更不要說對這個社會能有什麼貢獻。我念高中時，正是瓊瑤《窗外》一書出版的時候，雖然大人不准我們看，我們還是偷看了，只是很不解，她怎麼有時間去暗戀老師？我們每天考試都考不完，連上廁所的時間都沒有，當你整個心都被考試填滿時，哪裡會去想墓碑上要刻什麼？填鴨式教育使台灣的學生無暇對生命有任何想法，遑論期待或遠見。現在回頭看，假如當時有人點醒我們生命不是只有考試，人生也不是只有進台大，我想我的人生會不一樣。

現在的學生雖然已經不用再接受填鴨教育，但是在人生的路上，他們好像比我們更迷惘。教改把以前的「公民與道德」改掉了，而融合課程又因分科太細，把禮義廉恥等做人道理也融不見了，加上媒體的報導只有名人，沒有偉人，學生不知應該效法誰，當年輕人滿足於小確幸時，理想和抱負就不見了。

詹姆斯·米契納（James Michener）說，「一個國家的未來取決於這個國家的孩子在少年時所讀的書，這些書會內化成他對國家民族的認同、生命的目的、人生的意義」。孩子需要讀好書才會知道「世界文明價，俱是英雄血換來」，也才能有「大丈夫論是非，不論利害；論順逆，不論成敗；論萬世，不論一生」的胸襟。生命不能逆轉，人若想到未來，現在的做法會很不一樣。

人腦拚電腦，贏在人文素養

一個即將面臨分組的高二男生來信說，他想念法律，但父母要他念醫，父母說人們一想到醫生，腦海裡浮現的是「救人」，一想到法官，出現的卻是「恐龍」，因此不准他走法律這條路。這是我第一次聽到有這種理由，很是驚訝。

我更驚訝的是他選法律系的理由。他說凡是技術性的東西未來都可能被電腦取代，為了避免中年失業，他要念不能被編碼，具有原創性的領域，例如藝術和人文。但是這兩者謀生不易，所以想念純思辨的法學，因為收入好且有職業保障；一個好的法官判案必須兼顧情理法，「理、法」電腦可以代勞，只有「情」不行，因為電腦不是人，它沒有感情，因此沒有同理心。他說在這個智慧科技的世紀，一定要從「如果沒有我，電腦無法完成什麼工作？」來思考自己的未來。他問：「要讀什麼樣的書，才能永遠比機器人快一步？」這是我碰到第一個從未來世界的發展去思考自己生涯的學生，很難得。

目前的世界發展雖然是科技掛帥，但幾乎所有科技都離不開人文素養，因為使用科技的還是人，還是要顧到人的因素。賈伯斯在念里德學院（Reed College）時，曾修文學、詩詞的課，並旁聽書法。蘋果公司在科技產業的劇烈競爭中能脫穎而出，跟賈伯斯在美感和品味上的嚴苛要求有關係。

如果電腦無法取代的是以人文為核心的職業，我們就得加強學生的人文素養，來保障他們的工作。但是從二〇一六年，新竹發生某高中的學生效法納粹的行為來看，台灣學生的人文素養太差，讀的書太少，因為只要是讀過《安妮日記》的人，就不會去崇拜希特勒，更不會想拿納粹大旗去遊行。若是現在的學生已經不知道上一次世界大戰是為何而戰，我們怎麼可以將課綱的審查權，交給應該坐在底下學習的學生呢？

教育必須有前瞻性，國家才有競爭力，當人力逐漸被電腦取代後，剩下的便只有人性了。湯瑪斯．戴文波特（Thomas Davenport）在*Only Humans Need Apply* 一書中勸告年輕人——如果你的工作可以被編碼，你就有可能被機器人取代。若是只有人性，如品味、美感、同理心，無法被編碼，為什麼我們還不重視文學和藝術的教育？為什麼我們的教育還停留在上一個世紀的思維，難道沒有看見學生未來失業的威脅嗎？

改變遴選制度，為大學找好校長

二〇一九年是我大學畢業五十週年，同學們已經開始討論聚會的地點。在這過程中，我感到大家對母校聲望一落千丈的憂慮，尤其最近又要選校長，每個人的信中都談到這點，尤其在國外教書的同學，他們的信至少有一半篇幅在講美國經驗。大家都覺得以現行的遴選制度找不到好校長，有人發起「請願團」要回國來遊說改變它。

的確，校長是學校的龍頭，必須德高望重，高瞻遠顧。他是決策者，不是校務會議的執行者。找好的校長不是登求職廣告，更不能像三堂會審一樣來盤問他。

國外大學校長的遴選委員人數，不像台灣這麼多，他們是由董事會聘請而且名單不公開（怕有請託的困擾）。委員們各自去找他們認為最適合領導這個學校的人，這個人很可能是他校的校長、副校長或院長，因此過程要絕對保密，以免對當事人和他的學校造成傷害。

當名單縮短到三人左右後，校董和委員就要親自登門去拜訪，用三寸不爛之舌，以學校遠景和理念說動他來。一個好的人選，別人也在求，不三顧茅廬怎麼請得來呢？這種做法是國父說的選「賢與能」，就像魏晉南北朝的「九品中正」，基本精神在「求才」，而不是「競選」。

台灣自從教授治校後，校園民主變成校園民粹，每選一次校長，學校就分裂一次，而且黑函滿天飛，使校園出現對立，過去團結合作的精神不再。若立新法，校長不必去拜票來討好學校的教授，不欠人情，就好做事。

此外，校長任期應取決於他的治校能力和成效，不該硬性規定服務年限和退休年齡。加州大學聖塔芭芭拉分校的校長楊祖佑，一做經年，不受四年一任、只能當兩任的約束，可以放手去發揮；從他上任後，該校已產出六位諾貝爾獎得主，楊校長把一所不起眼的公立大學打造成諾貝爾獎搖籃。楊祖佑校長一九四〇年生，後來他想退休，學校不肯，說校長的年齡不是問題，但台灣的法規卻已逼退好幾位國立大學的校長了。

我們必須改變大學校長的遴選觀念，不要防弊。防弊從來不是教育的目標，做校長要有魄力和能力，他只需要兩個條件：人品和能力，人品又在能力之上。

川普的高人氣背後，是一場教育危機

一位美國朋友跟我說，當川普初出來攪局時，她把他看作小丑跳梁，不理會，認為沒有人會投給無品無格、專炒地皮的流氓。但他贏了好幾個州，她開始緊張了，不知教育究竟出了什麼問題，怎麼會有人去選這種會比中指的人做總統？

這是一個很多人在問的問題。有一個研究，調查中學校長心目中的教育目的是什麼？結果他們一致認為，是為學生出社會做準備。那麼應如何做準備呢？校長們都同意諾貝爾經濟獎得主詹姆士‧赫克曼（James Heckman），在〈缺少性格：美國教育的失敗〉（Lacking

Character, American Education Fails Test）一文中所說——從培養學生的「自覺」（Conscientious，包括自制、正直和堅持）能力開始。

赫克曼在分析一份追蹤至二〇〇八年、關於一九七〇年四月出生的一萬七千名嬰兒的大數據後發現，最能預測他們三十八歲時快樂和生活滿意度的指標是「自覺」，尤其是「自我控制能力」，而非一般人認為的「智商」和「學業成績」，因為這兩項反映的只是認知能力而已。研究發現，有自覺的人比較健康，活得比較長、比較不會肥胖，也比較不會得到阿茲海默症。

品德的培養無法用說教方式來達成，它必須從孩子實做的經驗中，因體會而感動，最後昇華出來，它是一個「行為塑造性格」（action shapes character）的歷程。兩千年前，亞里斯多德就說：「人是重複行為的結果，卓越不是一個行為，它是一個習慣。」司馬光在《資治通鑑》中也說，「作之不止，乃成君子」，一個行為就算一開始是假的，做久了習慣成自然，就會變成真的，所以品德教育要從實做體驗入手。

我這個美國朋友是白手起家，很了解自覺的重要性，她十七歲的孩子好高鶩遠、講不聽，她便在暑假時，送他去替一個因販毒被關了十五年的漁船老闆打工。在洗了三個月的魚肚後，孩子學會毒不可以碰、錢不會從天下掉下來、生活不是玫瑰花園、沒有一技之長會一輩子剖洗魚肚。朋友說孩子這三個月的體驗，勝過她說教一萬次。

美國教育的確偏離了目的，其實，台灣的又何嘗不是？教育不能等，因為孩子每一分鐘都在成長，不要再浪費時間去爭辯課綱的意識型態，趕快培養出學生自制、自律、自覺的能力吧！

智慧——社會進步的原動力

小確幸格局，如何成大氣候？

看到法藍瓷陳立恆總裁在《聯合報》的投稿——〈創新：台灣與以色列的咫尺天涯〉，不禁感慨萬千。

台灣跟以色列一樣都是蕞爾小國，內部都意見紛云。以色列總理說，猶太人一個人有三個意見，但是他們對外團結，外侮發生時能夠捐棄己見，一致對外。他們對國家民族有很深的認同，一旦國家有難，猶太人會千里迢迢從世界各地奔回去保衛國家。比如諾貝爾經濟獎得主康納曼就在以色列當兵，陳總裁文章中的化學博士三赴戰場對抗外侮，甚至受傷仍不悔。他們都知道「覆巢之下無完卵」，所以以色列雖小（只有台灣的四分之三大），阿拉伯人卻不敢輕視它，在戰場上，以色列人是以一當十。

反觀台灣，社會充斥著滿足於眼前的小確幸，沒有遠大的理想與抱負，更不要說為國家民族犧牲。最近網路出現一則小學國文題目的笑話，是關聯詞填空：「他＿＿犧牲生命，＿＿出賣國家」。五年級生會填「他寧可犧牲生命，也不出賣國家」；六年級生填「他害怕犧牲生命，不敢出賣國家」；七年級生填「他與其犧牲生命，不如出賣國家」；八年級生填「他即使犧牲生命，也要出賣國家」；九年級生填「他白白犧牲生命，忘了出賣國家」。雖說是很極端的搞笑，卻令人深思。

猶太人的創新能力強，所以微軟、ＩＢＭ、英特爾等大公司都在以色列設立研發室。台灣的「創新」能力也不弱，例如屏東某大學教授用虛構人頭來審自己的文章；頂新集團用最新技術除去餿水油的臭與色，把別國不要的廢油賣給自己的同胞吃。當以色列人是為國家民族的生存而創新時，我們卻為了私利把聰明用到錯的地方。兩相比較，令人唏噓感嘆。

如果我們的智慧不比猶太人差，勤奮更是有過之而無不及，為什麼我們會不如人家？有一個笑話這麼說：美國商店九點鐘打烊，八點五十分店員就不讓你進門，因為他要結帳，準備下班；猶太人的店是九點半去叫門，他還會開門作生意，反正還沒睡；中國人則是十二點鐘去敲門，他都會爬起來開門，賣東西給你。我們跟以色列人一樣重視教育，也一樣重視家庭（猶太媽媽的笑話常可以應用到中國媽媽身上），為什麼他強我弱、他團結我鬆散？

有一個原因是我們不重視歷史教育，不讀跟民族正氣有關的文章。沒有國家觀念，就不能像史蒂芬・道格拉斯（Stephen Douglas）在一八六〇年美國總統選舉輸給林肯時所說——「國家福祉重於黨派情結」。政治家會放下私怨，相忍為國；政客會為私利纏鬥，直到把國家拖垮為止。

這十幾年來的鎖國政策，使我們的年輕人沒有國際觀，變得自卑而又自大，想要登天又不敢踏出一步，對外界的無知使他們恐懼、擔心、焦慮、無助；社會又不斷鼓勵年輕人趨利避害，導致現在小確幸流行，不求有功，但求無過；不論是非，只願無事。這種格局如何能成大氣候？看看人家，想想自己，我們是到了非檢討不可的時候了。

九二八放假之亂的啟示

二〇一六年是我回台教書以來，最混亂的一年。整個政府從上到下都不知道自己在做什麼。孔子說「必也正名乎，名不正，則言不順，事不成」，如果放的假叫「教師節」，那就是紀念孔子誕辰，慰勉老師的辛勞；如果老師不放假，那就請另外取個名字，不要既叫教師節，老師又要上課，這樣就像慶生會大家都可以進去，只有壽星不准進去。而且誰放誰不放，一直搞不定，我是到最後一分鐘才知道我不需要上課。單單一個放不放假就可以搞成這樣，讓人對政府的施政能力很沒有信心。

過去我們跟學生說「三人抬不過一個理字」，所以做人處事要講理。現在政府不甩理，直接從「理」上踩過去，老師遵命要來上課，但是助教不來，請問課要怎麼上？這叫最會溝通的政府嗎？

前一陣子為了勞務型和研究型助理的勞保問題，整個校園雞飛狗跳，現在再加上教授是專任還是兼任、繳的是公保還是勞保，更是到處烏煙瘴氣。大家見面不再談正事，都在問：你們要不要上班？人事室的電話被打到爆，卻沒有個定論。大多數人既然做了老師，就不會在乎多上一天課，因為課上不完還不是得補課？但是政府這種措施實在打擊民心士氣。

正在感嘆時，幾個事業有成的學生來安慰我們，請我們吃飯，慶祝教師節。學生請老師是最高興的事，大家欣然赴宴。

席間，一位精神科醫生說，政客為拉年輕人的選票，鼓吹「有夢最美」、「去做夢，直到夢想成真」，但這是不切實際的。有些人的夢不能實現，音樂、藝術、體育這些領域需要相當大的天賦，才能脫穎而出；做不適合自己的夢只會耽誤人生。現實是殘酷的，當孩子投下時間和精力，最後卻沒有得到想要的報酬時，會從失望轉為絕望，最後變得憤世嫉俗，出現反社會行為。

我很高興聽到這個論點，因為我一直認為年輕人應該要「努力，直到你的夢想實現」。當你努力時，許多門會因此打開，會有你想不到的收穫。我們都碰過機會來了不肯去抓的學生，理由是這與他的生涯規劃不同。但是生涯其實不能規劃，因為機會要怎麼來、什麼時候來，不是操在我們的手上，所以必須隨時把握機會，見機行事。曾有一個學生一心要念醫學院，但考了三次都落在心理系，他最後只好來念，不然就要去當兵了。但是他不肯好好念，進不了醫學院就什麼都不要，白白浪費了大好人生。

人生必須要有彈性，不可死守抱柱信。山不轉路轉，路不轉人轉，窮則變，變則通，通則久。任何事情都是決定於我們的心態，莎士比亞說「事情沒有好或壞，是人的思想劃分了它」。人只要改變心態，就會改變生命。政府一連串惹民怨的措施，就是堅持一個不可行的教條死不肯改的後果。

國際情勢瞬間萬變，執政者一定要有彈性，才不會被載舟的水覆掉。

食尾牙面憂憂

過年是中國人的第一等大事，看到中國大陸的民工擠三十五小時的火車回家過年，不禁感謝我們生在台灣，交通再怎麼塞，七、八個小時也就到家了。二〇一七年比較特殊的是，我吃了平生第一次尾牙，因為畢業後一直都在教書，沒有老闆，也就沒尾牙可吃。今年擔任了一個基金會的董事，基金會要感謝志工，我就吃到尾牙了。

在台灣，不論景氣如何，過年期間餐廳都是人聲鼎沸，因為員工是老闆賺錢的幫手，辛苦了一年，老闆都會請員工吃頓飯。當然尾牙還有雞頭對準誰的任務。中國人含蓄，有些話不直接講，用暗示的，不像美國總統川普或台北市市長柯文哲，動不動就說「you are fired」。

我發現尾牙跟在學校開研討會要簽名才可領便當一樣，進餐廳先要簽名，簽完名抽一張座位籤，才知道自己的座位在哪裡。坐定後一看，同桌用餐的人一個都不認識，但每個都比我年輕。現在去任何場合，放眼望去，大部分人都比我年輕得多，想到「常常坐上座，漸漸入祠堂」，不禁有些傷感。

桌上有瓜子、汽水，這兩樣我都不碰。嗑瓜子傷門牙，到我這個年齡還有自己的牙齒可用，是要感恩的；汽水是加了色素的糖水，當然不喝。流水席的菜上得很快，大家露出英雄本色，風捲殘雲，一掃而空。志工來自各個行業，談話也就五花八門，我左邊的人抱怨桌上沒有酒（我們這個基金會不贊成喝酒），接著抱怨一例一休，不但加班費沒了，可能連工作也沒了，因為工廠出貨時都會加班，老闆吃不消加班費，就不想幹了。他在擔心保障了工時，卻失去了工作。

我右邊的兩個人好像是老師，一個問：你們學校不是放假了嗎？為何姍姍來遲？另一個答：沒辦法，今天路上很塞。我現在回台北的家都坐統聯不坐高鐵了，因為還有十年才能退休，現在不省點，以後老來窮會淒涼。另一個點點頭說：我也把每天早上的咖啡戒掉了，雖說便利商店的咖啡不貴，畢竟一杯要四十多元，十天就四百元，現在省一點，免得將來做下流老人。兩人相對苦笑，他們看到我頭上的白髮，竟不約而同感嘆父母沒有把他們生早一點，早出生早退休，就沒有年金的煩惱。

我跟他們不熟，沒開口，但在心中想：政府現在有這些可以亂花的老本，是我們當年胼手胝足存下來的。我們做家庭代工，做耶誕樹電燈泡出口，我們拿著一卡皮箱去世界各地，包括沒有邦交的國家做生意，這個本應該拿來創造更多的就業機會，而不是關起門來砍當年流血流汗的人。

二〇一六年全民選出來的代表字是「苦」，其實只要有希望，苦不可怕，問題是我們看不見曙光。政府不但沒有方針，也不懂興利比除弊重要，利興了，弊就自然消失了。以現在這種蠻幹不溝通、鴨霸的執政方式，套一句京劇《武家坡》薛平貴戲王寶釧的話，「這苦還在後頭呢！」我們要怎樣才能使執政者打開耳朵，聽到老百姓的苦聲呢？

默默拉縴救大船，你不孤單

一連串匪夷所思的事，令許多有識之士很沮喪，例如台大核發兩百五十萬巨額獎金給已確定有學術作假的某教授，難道真的是「有關係就沒有關係」？考生用英文回答國文科的入學考卷，對這麼明顯的違規和挑釁，閱卷召集人並沒有立即將考卷作廢，反而浪費車馬費召開會議來討論如何翻譯。後來雖然獎金停發、不翻譯該卷，但這荒謬、不敢負責的行為已造成了傷害，難怪有人覺得台灣社會已經病入膏肓，不可為了。

最近有位放棄美國頂尖大學教職，回台作育英才的朋友，來信告知他要早退，他給我的信中最後一句話是——「一艘大船，靠一個人拉縴有用嗎？」

現在的大環境的確不好，但是默默拉縴的人還是很多，只是不為人知而已。我們常不記得好的事，卻忘不掉壞的事，因為大腦對壞事要記得清楚，以免再犯喪生。所以要在現在的社會生活，必須學會用好的記憶來平衡不好的記憶，才活得下去。

烏來有個原住民婦女因為誤信安非他命能減肥而染毒，後來雖然戒掉毒癮，卻因無力繳納罰金而遭通緝入獄。她因鼻咽癌末期無法進食，關在監獄中很可憐，有人看到覺得不公平，前第一夫人吳淑珍可以因病免入獄，癌末的原住民為何不行？人雖生而不平等，但在法律之前應該要平等，所以他們努力奔走，終於使她保外就醫。這件事是很多人會忽略掉的小事，但它讓我們看到台灣美的地方。

我勸朋友繼續從他的專業來發揮力量。比如這位原住民婦女，因不知道人的胖或瘦百分之八十決定於基因，即脂肪細胞的數量和新陳代謝的快慢，只有百分之二十來自飲食型態，所以才受騙上當。其實台灣有很多人也不知道，才會花大錢去瘦身。隨意節食的危險之處，在於當人一週瘦身超過七公斤時，會破壞大腦的新陳代謝平衡點，以後一輩子要跑醫院。朋友的醫學專業，來自國家用納稅人繳稅成立的醫學院栽培他才獲得，他應該回饋給社會，造福那些沒有機會進醫學院得到這些知識的人。

傳播正確知識，是每個知識份子的責任。一塊田若野草先長，稻子就長不出來，但只要先使稻子長出來，就可以有效的遏止野草。過去老一輩人教我們「明哲保身」、「自掃門前雪」，連韓愈的治家格言都說「有人問我塵世事，擺手搖頭說不知」。但是知識份子的不出聲是鄉愿，對社會就是傷害，因為沉默會助長惡勢力氣焰，默認會讓年輕人以為鹿就是馬、聲音大就是有理，這是很危險的事，台灣的民粹就是一例。

行船無風很辛苦，拉縴者在用力時，也的確無法說話。但是拉縴時，一定要打號子，這號子便是使大家拉的力量集中，不會因為步調不同而讓力量被抵消。台灣曾是亞洲四小龍之首，現在一敗塗地至此，這問題出在執政者不了解「國家福祉應該超越在黨派之上」，在相互鬥爭中把力量抵消掉了。

「不怕虎生三個口，只怕人懷二樣心」，只要同心協力，船一定會動的。

媒體看不見台灣的好

朋友請我去她家喝滿月酒，我很驚訝，這年頭沒有人請滿月酒，更沒有人在家裡請，替自己找麻煩。原來是她的祖母一定要替曾孫做滿月，而她父親在政府做事，不方便去外面請，兩害取其輕，只好在家請。我一想，果然有人因陪父親吃飯而丟官，也有人因去理髮而下台。唉！台灣的公僕真難為，不僅財產要曝光，連請個滿月酒都要考慮再三。

台灣現在很多事都矯枉過正，新加坡也有陽光法案，但是申報完了就密封起來，只有官員涉貪犯案時才啟封調查，不像我們全部登在報紙上，把一些有能力，也有心為政府做事的企業家，如財團法人董事，都嚇跑了。其實陽光法案是防君子不防小人，君不見連消防署長都一樣可以貪汙？假如台灣的個資法這麼嚴格，連學生的獎狀都不能寫名字，要寫「陳〇〇田徑比賽第一名，為校爭光，特此獎勵」（見某縣教育處的範例），為什麼公務員的財產可以讓全民去檢視？這陽光未免太強了，簡直是X光了。

去吃飯不能空手，對一個什麼都有的人，送什麼禮才好呢？幾個人經過腦力激盪，決定秀才人情紙一張，把《經濟學人》的「二〇一三年出生國幸運指數排名表」裝框送了過去，果然祖母大悅，因為台灣排名全世界第十四，比英、美、德、法、日都強，她的曾孫生對了好地方，「無災無難到公卿」。

這個排名是經濟學家綜合生活品質指標、生活滿意度所做的預測。二〇一三年誕生的嬰兒，要在那一個國家出生會有最好的機會能健康、安全、富足的過一生。台灣排名這麼高，出乎很多人意料之外。

嚴長壽總裁在他的著作《為土地種一個希望》中說，台灣有兩種面向，一個是躁動失焦的「顯性台灣」，另一個是溫柔敦厚的「隱性台灣」。從美國回來的朋友也說，為什麼自己親眼看到的台灣，跟媒體報導的台灣有這麼大不同呢？他們在台灣感受到在地人的熱情與活力，雖然全球經濟都不景氣，但走在士林夜市或永康街，絲毫不覺人氣有減；坐在旅館裡看電視時，就覺得台灣完全沒有希望，到處是貪官汙吏，會「死得很慘」，令人悲觀。

我覺得媒體不應該誇大負面報導，更不該處處貶低自己，加重民族自卑感，使外國人隨便一句話，我們就立刻雞飛狗跳的反應，查字典的查字典，撇清的撇清。其實，只要對自己有信心就不會隨人起舞。自信心的重要性，在於人的意念可以改變大腦神經迴路和功能的分配，當把正常人眼睛矇住五天，沒有接受到任何視覺訊息（受試者眼罩內有一膠卷，一揭開眼罩膠卷就會曝光，避免受試者偷看），雖然不到一週的時間，但這個人大腦的視覺皮質便去處理觸覺和聽覺的訊息了。

當大腦功能這麼容易改變時，就該給年輕人希望，讓他們有勇氣去征服世界，這是我們欠下一代的。初生之犢不怕虎，很多時候，犢會做到我們以為不可能的事情呢！

沒有文化的風景明信片

我去美國開會時，在飛機上，旁邊坐著一對來東南亞「慢」遊的老夫婦，因為都在加州大學教過書，有共同話題，我們就聊了起來。他給我看他用手機拍的各地景色，這些是他經過挑選，認為值得推薦給別人去的景點。我很驚訝這些景點竟然多半在台灣：我看到南投風櫃斗的梅海、台東和南投竹山的民宿，以及各地的小吃、餐廳和它的特色菜餚。他說他很喜歡台灣，而且他為了看京戲，特別多留三天，他原先只預備看一場，但是看完第一場後，馬上換機票，三場都看完才離台。

從相片中得知，他看的是國光劇團的三天封箱戲，但國劇是連我們自己人都不看，說是高深看不懂的戲，外國人怎麼會喜歡呢？當我問他時，他看了我一眼，意味深長地說：「戲劇是沒有國界的。」我有點慚愧，的確，音樂和戲劇是人類最原始的表達情緒方式，是內在情感的昇華，它是沒有國界的。二次世界大戰時，德國曾演出莎士比亞的戲劇勞軍，沒有人跳出來指責說莎士比亞是英國人，演英國劇是通敵賣國。

在戲劇中，「丑」是最難演的，要詼諧而不肉麻，要討喜而不下作。這位老先生對那天丑角的扮相和身段讚不絕口，尤其是「小上墳」，他對國劇演員踩著蹻還能滿場跑真是佩服，一直說中國傳統戲劇是中華文化的精華，看到了京劇，他覺得不虛此行。

下機時，他說了一句話讓我悚然而驚，他說：「一個地方風景再好，如果沒有文化，不過是張明信片。」文化的意涵才是真正吸引觀光客的原因。一個地方會吸引觀光客，是它背後有攝影機拍不出來的「文化」。文化其實就是當地人生活的方式，他們對環境的適應，以及這個適應所形成的生活獨特性，是一個地方被譽為「人傑地靈」的原因。從這位老先生的談話中，我看到嚴長壽總裁的睿智與遠見，他發展花東的在地文化，把它精緻化、特色化，使人流連忘返。

當然最能表現一個國家文化的就是戲劇了，可是戲劇因為考試不考，常被我們忽略，忘記了它才是培養國民素養的大功臣。楊照先生在《聯合報》副刊寫了一篇〈有用的藝術教育〉——一位在中國大陸設工廠的台商，對他的員工遲到早退、常溜出去買菜很苦惱，他們即使被逮到了還會辯說：我們上海人疼老婆，上班不去買菜，下班燒什麼給老婆吃？但是有一個員工卻不一樣，他守時、有時間感，而且分得出事情的輕重緩急。原來他是學古典音樂出身的，音樂對節拍的要求與訓練，帶給他對時間的敏感度與責任感，最後內化為生命的態度與生活習慣，所以後來這位台商的公司優先錄取有音樂背景的人。藝術不是裝飾品，它可以變化人的氣質，養成精準、自律的性格，是個最有用、最實際的人才投資。

藝術是民族的認同，文化是國家的命脈，總統們若想要在歷史上留名，就請從培養國民素質開始，從藝術教育著手吧！

別再辜負台灣農民

我去演講一向都自己帶水，一方面我喜歡喝熱水，另一方面可以節省紙杯及保特瓶，比較環保。有一天我去農委會演講，服務人員端了一杯茶上台，放在桌上，我立刻聞到濃郁的茉莉花香，很是驚奇，不由得拿起來喝了一口，一喝之下，我自己帶來的茶就被比下去了。

我父親愛喝好茶，但是他從來不喝香片，他說那是下茶，靠花香作賣點，只有不懂茶的人才喝香片。但是這杯香片完全不同，它味甘醇而且香氣使你馬上想到杜牧的「輕羅小扇撲流螢」，那種夏天晚上茉莉花盛開的情景，我迫不及待地結束演講，坐下來好好品嘗它。

原來這是彰化花壇鄉所烘焙的茉莉烏龍，他們用友善耕作安全農法種了一大片茉莉花田，再用上等烏龍茶和自家的茉莉花苞，共同烘焙出這個香氣襲人的烏龍茶，喝了讓人心曠神怡。

想想台灣的農民真是太了不起，相信所有人，不論哪個政黨都會同意。我出國時，蓮霧是像我大姆指那麼大，沒什麼味道，我們只有在完全沒有更好的東西可吃時，才去吃它。回國後，黑珍珠、黑金鋼、黑鑽石等品種的蓮霧又大又甜，簡直不能相信它是蓮霧。

台灣是寶島，一年四季各種蔬果應有盡有，本來不產的，農民也有本事把它種到可以生產。出過國的人，在飛機降落時都會很感恩，感謝父母把我們生在台灣，我們稀鬆平常，不當一回事的東西，別的地方都當作寶，被歐陽修稱之為「物之至精」的茶葉就是一例。

台灣產茶，到處都喝得到好茶，甚至登山步道都有人奉茶。其實茶葉在中國古代是很珍貴的，施耐庵在《水滸傳》中描寫，那些梁山泊的好漢都是大碗喝酒，我小時候讀到還以為他們喜歡喝酒，後來才曉得中國北方不產茶。「建安三千五百里，京師三月嘗新茶」，茶葉像楊貴妃的荔枝一樣，要從南方快馬加鞭運去，所以非常珍貴；酒是每個地方都可以自己釀造，相較之下，喝酒就便宜多了。

歐陽修在《歸田錄》中說：「茶之品，莫貴於龍、鳳，謂之團茶，凡八餅重一斤，慶曆中，蔡君謨為福建路轉運使，始造小片龍茶以進，其品絕精，謂之小團，凡二十餅重一斤，其價值金二兩。然金可有而茶不可得，每因南郊致齋，中書、樞密院各賜一餅，四人分之。」他一直到嘉祐七年，作了二十年的官，皇帝才賜給他一餅，他說「至今藏之」，有客來時，拿出來賞玩，捨不得泡來喝，豈是我們在台灣大口喝茶的人想像得到的？其實就是世界其他地方，要喝到好茶也很不容易，我們生在台灣真是太幸福了，應該要感恩。

只是人都是身在福中不知福，看到齊柏林導演拍攝由空中鳥瞰台灣的影片《看見台灣》，大好河山被不當開發弄得滿目瘡痍，這麼好的洞天福地被人的無知糟蹋成這樣，真是欲哭無淚。我們為什麼一定要等到失去了，才來珍惜我們所有的呢？

別讓前人的熱血白流

前幾天不慎摔了一跤，把腳骨摔裂了，不能外出，只能在家中看書。我隨手拿起一本書，正好是美國國家廣播公司前新聞主播布洛考寫的《最偉大的世代》。在台灣發生洪仲丘命案、女大學生找不到活下去的理由，在生日當天從飛機上跳下自殺的時候，這本書看了令人不勝唏噓。我們的社會究竟出了什麼問題？

一九四四年諾曼第登陸的那一代，是生長在美國經濟大恐慌時代的孩子，他們都體驗過飢餓、無家可歸的滋味，但是貧困並沒有使他們沮喪，反而鍛練了他們吃苦耐勞、任勞任怨的精神，把美國建設成世界最富裕的國家。

戰爭是殘酷的，但是戰爭也使人類最高尚的情操展現出來。諾曼第的海灘上滿是地雷，所以工兵須先上岸去除雷，很多工兵的大腿被炸得血肉模糊，但是這些勇敢的年輕人不顧自己重傷，大聲指揮後面弟兄安全登陸。這種犧牲小我、完成大我的精神，七十多年後讀來還是令人動容。

戰爭和苦難使人急速成長，這些當時連家都不曾離開過的十幾歲孩子，馬上就要拿著槍上戰場去保衛國家，為真理正義而戰。布洛考曾問一個老兵：「你十七歲的萬聖節在做什麼？」這個老兵慢慢地回答：「我在搶灘登陸瓜達康納爾島（Guadalcanal）。」另一個老兵說：「我們活著回來的人，必須代表光榮陣亡的弟兄們過他們本來可以過的日子，我們要好好地活下去，我們不能沮喪。」他說：「我現在七十三歲了，每次聽到國歌或看到國旗，仍會熱淚盈眶。」這個國家是他們用血肉換來的。

但是生在安樂中的下一代，卻不能體會生命的可貴，他們每天叫嚷，覺得國家社會虧欠他們。一位在戰場上失去一隻眼睛的老兵，對社會上動不動就要告人家，不管是不是自己的錯，就要國家賠償的人，很不以為然。他舉例說，一個孩子去同學家過夜，看到一把手槍就拿起來玩，不知裡面有子彈，結果把同學打死了。這個家長找律師告了一堆人，每個人都有錯，就是他沒錯。這位老兵認為家長任意把上了膛的手槍放在家中，就是家長不對，每個人都應該為自己的行為負責。他怪自己在散兵坑中站太高了，被德軍打掉一隻眼睛，他沒有怪別人。

在他們成長的時代，管教他們的不僅是父母，還有鄰居、老師、教練，甚至鎮上雜貨店的老闆也會隨時提醒孩子，「你父母可不是這樣教你的」。管教孩子成為社會上有用之人，是每一個人的責任。今天社會的是非不分，是我們所有人的責任，正如但丁所說：「地獄最黑暗的地方，是留給那些在道德危機時保持中立的人。」

人格特質無法量化，但是責任感和道德勇氣所凝聚的意志力，卻和坦克、飛機、大炮一樣，具有戰勝敵人的力量。美國總統約翰．亞當斯（John Adams）說得好，「我們這一代不得不從事軍事和政治，為的是使下一代能夠從事音樂和藝術」。沒有八二三炮戰死難的士兵，就沒有今天的台灣。年輕人在到處抗爭、隨意翹課、丟鞋子打人的時候，回頭想一下，我們有沒有辜負當年犧牲者的期望，使台灣變得更好？他們的熱血有沒有白流？

今日不知錯，明日怎防災？

中秋節，我們幾個不烤肉的朋友聚在一起喝茶賞月。一個朋友說他如果年輕二十歲，就會去改念心理學，因為最近發生的天災人禍，不但歷史上都發生過，甚至在最近的十年都發生過，他不懂為什麼人這麼健忘，不能從經驗中學到教訓。人如果這樣愚蠢，如何能存活到現在？此話一出，大家紛紛從自己的領域，七嘴八舌起來。

歷史會重演絕對不是人笨，而是人對物質的貪婪使心變得邪惡，忘記了在遠古時代，人類因為懂得「分享」所以才存活了下來，更忘記只有大家好，自己的好才能持久這個事實。

為什麼人會忘記這麼重要的生存之道？因為當科學進步到可以複製生命後，人就目空一切了，忘記人心才是最重要的根本，溫良恭儉讓才是處世之道。一旦利欲矇了心，又沒有道德的規範，就什麼缺德的事都敢做了，所以找回敦厚的人心是當前第一要務。

人心怎麼找？要從改善社會風氣，講求品德著手。「己所不欲，勿施於人」就是最重要的原則。自己都不敢吃的油，怎能賣給別人吃？又因人心已敗壞，所以公權力必須伸張，「頑而不化者有訓，教而不遵者有法」，政府有保護人民、維持社會正義的責任，不可鄉愿，更不可五萬元就讓不法者交保。

人其實沒有健忘，人是選擇性的記憶，因為哀傷會壓抑免疫系統，所以人只記跟自己有關的事，故意忽略不愉快或不想知道的事。陶潛在《挽歌》中說，「親戚或餘悲，他人亦已歌」，大腦對別人痛的記憶不像自己的痛那樣深刻。但是這種只顧自己的心態其實不利人類的生存，人需要團結來對抗大自然的無情，所以我們得用同理心來平衡記憶的自私。從實驗得之，同理心可以透過經典小說的閱讀，讓讀者融入故事中，化身主角，使感同身受。

但是「不知生，焉知死」，不知過去的錯誤，怎麼預防未來的災難？現在九一八事變、抗戰勝利、台灣光復都不再紀念，是危險的。「生於憂患，死於安樂」是歷史重演的原因之一。

實驗又發現大腦會因環境而改變，所以改變觀念就能改變行為。因此，媒體要盡量報導真善美的事蹟，以激勵人民向上、向善之心；政府不能再姑息養奸，人民也不能再盲目希望明天會更好。明天要更好，今天必須要努力。我們更不能心存僥倖，把應該用來防災的心力拿去拜神明。若是不去除災難發生的「人」因，再厲害的神明也幫不上忙。

人要樂觀，但不切實際的樂觀是危險的，責任固然要追究，但有的時候，水落石頭才會出。災難發生後不要相互指責、推諉責任，而是一起把責任扛起來，找出原因，前事不忘，後事之師，使它不再發生。

在帝王時代，要靠文死諫、武死戰，百姓才會幸福。想不到民主時代，老百姓還是得靠自己死諫，衣食住行才得以安，這是國父革命的初衷嗎？

恐龍法官的蝴蝶效應

台灣曾經發生很多不可思議的事，其中最令人驚愕的是法官認為搶來的提款卡中若錢不多，就「無不法所有意圖」。

台中有人在光天化日之下，搶了一位殘障者的提款卡，一審法官依搶奪罪判他有期徒刑八個月，二審法官以提款卡內只有六十四元存款，又沒有逼受害人說出密碼，改判拘役二十天，可易科罰金。

這個欺負殘障，搶無反抗力人的惡徒，竟然不必被關，只要繳錢即可了事，令人不平。搶提款卡當然是為了去提別人的款來自己用，不管他有沒有逼問密碼，搶劫的意圖是很明顯的，怎麼說沒有逼問密碼就「無不法所有意圖」呢？

至於提款卡存款有多少，完全跟是否搶劫無關，即使裡面只有一塊錢，強行拿走別人的財物就是搶奪罪，況且他搶的時候並不知道裡面沒有錢。難怪台灣有「恐龍法官」這個名詞——一個活在萬古以前，不知今夕是何夕的青天大老爺。

一九八〇年代，比利時的布魯塞爾發生了一件事，一名女子半夜不慎從陽台跌落馬路昏迷，一名男子路過發現，趁機洗劫女子身上的財物，但是又不忍心她因無人搭救傷重而亡，便在報警後離開。警察從附近的監視器中看到事情經過，將這名男子起訴，這件事在當地很轟動，辯論了很久，法官最後判這名男子無罪。

這份判決書是這樣寫的：

每個人的內心深處都有脆弱和黑暗的一面，對拯救生命而言，搶劫財物不值一提。雖然就法律來說，我們不該就一個人的善行而赦免他其他的犯罪，但是如果判決他有罪了，這將會對整個社會秩序產生極度負面的影響，我寧願看到下一個搶劫犯拯救一條生命，也不願看到遵守法律的無罪者對於他人所受的苦難視而不見。

這位智者看到了他若遵循法條判案，會使以後的市民見死不求，在衡量人命與財物，情與法的得失輕重後，他做出了最有利於社會的判決。

好的法律可以引導社會前進，激發人的善良本性，改進社會的善良風俗；不好的法律會阻礙社會進步，它讓壞人得逞，變成套在善良老百姓脖子上的枷鎖。法律條文是死的，解釋法條背後立法精神的人是活的，一個好的法官可以運用他的智慧彌補法條的不足，相信當年審理玻璃娃娃案件的法官一定沒有想到，他判揹玻璃娃娃去上體育課的同學新台幣兩百多萬元的連帶賠償，使台灣所有父母都告誡自己的孩子：不可以見義勇為，免得拖累家人。

過去，我們很不齒「自掃門前雪，休管他人瓦上霜」的人，現在知道這是不良判例的結果。人民的眼睛是雪亮的，在一個沒有是非公義的社會中，自私是自保之道。

台灣以前最優秀的人去念醫和法，這兩者都是救命，前者救有形的個體生命，後者救無形的社會生命。後者比前者重要，因為它的影響更大。法律人，自勉之。

傳承家業，先看民族性

我的父親百歲冥誕時，我們把他的牌位送回福建老家祠堂去供奉。下山時看到一位打赤膊、脖子上圍著毛巾的老人家，挑著水上山來，後面還跟著一個小童，也挑著兩個五加侖保特瓶的水。這老人走得氣喘如牛，因天氣炎熱，我怕他中暑，便把兩瓶冷泡烏龍茶送給他。他感動得直說好喝，說平常只摘幾片葉子放在鍋裡煮一煮而已。

我有點好奇，這裡產茶，伸手就是茶樹，喝茶是我們家鄉的傳統，家家戶戶早上起來第一件事便是燒水泡茶，怎麼會「賣油的娘子水梳頭」，自己沒得喝呢？

我也好奇，山上沒有人家，挑水上山是為了什麼？他說，這山原是他家的，自明朝中葉起，他家就住在這裡，每代有男丁出生時，就去山上種一棵樹，人在樹在，所以這山頭原是很茂密的。一九五〇年代，全中國都在瘋狂地土法煉鋼，村裡沒有煤，便把他家的樹砍來當柴燒，把整個山都砍禿了，也把他祖父氣死了。鄧小平改革開放後，他父親發誓要把祖宗的樹種回來，每年除了買糧，所有的錢都拿去買樹苗（難怪連茶都喝不起）。父親過世後，他繼續種樹，要完成父親的遺志。今年這裡乾旱，他怕樹會枯死，便挑水上來澆。

他的話使我想起白居易的〈栽松〉——「栽植我年晚，長成君性遲」，從明朝到現在，至少有三十代，子孫應有上千人，這麼大的工程，得見成蔭否？我忍不住問他高壽，他說七十二。我心想他是來不及種完的了。他看我沉吟，知道我在想什麼，笑指身邊的孫子說：「我雖已老，他還年輕。」我一時間大受感動，這就是中華民族綿延不絕的原因了。「父母所欲為者，我繼述之，父母所重念者，我親厚之」，子女盡力完成父母心願，所以父死子繼，兄終弟及，楚雖三戶，亡秦必楚。只要有後人在，事必成。

其實維繫中華傳統文化的就是一個「孝」字，若能無忝爾所生，社會就自然好。

猶太人亡國兩千年，卻沒有滅種，最後終能復國，因為他們很注重家庭的團結，尤其年輕人的教育。透過宗教，把猶太精神代代傳下去。只要有年輕人就有希望，我們老了沒有關係，「他還年輕」。

中秋節不要只會烤肉

安永會計師事務所在訪談了德、法、巴西、印度、中東、中國、日本、澳洲等國，兩千三百四十五名大型企業的資深主管後，發現大部分人還是看好未來的經濟發展，並預測未來會全球徵才。就兩岸三地來比較，台灣在專業力、國際力、團隊力上都輸給香港，中國大陸在國際力上勝過台灣，台灣在專業力上勝過中國大陸。過去台灣所標榜的專業與管理能力，已經慢慢被中國大陸追上，而且因為新興市場的消費力不斷提昇，技術也迅速發展，所以企業家徵才的前幾大地區，已變為中東北非百分之七十四、中國百分之六十八、印度百分之六十三了。

看到這份資料，我們這些在第一線教學的老師悚然而驚，因為我們知道台灣競爭力下滑的原因。國際觀不是會講英文而已，必須言之有物，彼此才談得下去。現在的大學生連本國史都不清楚，遑論外國的歷史文化，我上課時，講到語言發展遲緩的基因，舉王陽明為例，結果學生不知道這個享譽中外的格物致知大師是誰；談到經濟合作暨發展組織（OECD）公布二十一世紀學生必備的十個素養，他們也不知道經濟合作暨發展組織是什麼，台灣學生課外知識的貧乏令人擔心。媒體和政客只會討好學生，讓學生以為只要有學生身分，就可以為所欲為，不但不必為自己的言行負責，別人還不可以譴責他，忘記了做學生學習的本份。

我曾參觀過一個台灣文史資料館，發現裡面展示的沈葆楨、劉銘傳都變成後面拖條大辮子的公仔，很醜陋又不尊敬。問起來，校方說學生喜歡這樣。教育不是應該提昇學生的風度、涵養、品性，使他們超越動物的本性嗎？怎麼會為了討好反而降低應有的水準了呢？

看到學生寫：中秋節就是要烤肉，然後加框「不然要幹嘛？」這種粗魯的說話方式現已蔚為風氣了。難道一個跟民族復興有關的節日只剩烤肉，沒有人再教中秋節的由來了嗎？

文化是維繫一個民族最大的力量，猶太人亡國兩千年還能復國，靠的就是文化。新加坡現在大力推行母語，因為李光耀發現英文作為第一語言之後，華人不會講華語，也不懂華文化，心靈上空虛了。

或許有人說，我們是念理工的，不需要知道這些東西。我只想說：歷史和文化是人在老去時，真正撫慰心靈的東西。

新官上任，興利大於除弊

要過中元節，我在清理神龕時發現一張紙條，是十幾年前外子要就任教育部長時，我父親寫的。當時父親已住院，他用顫抖的手寫著「興利勝於除弊，行善勝於除惡」，叫妹妹送來給我。紙條上另有一行字「不可新官上任三把火」，是妹妹的字跡。原來她要來時，父親又吩咐，她就隨手添上了。

妹妹說，父親看到她來了，就奮力坐起來說：「人一旦有機會伸展抱負，都會雄心萬丈，通常第一件事是便是除弊。眼睛長在臉的前面，人只看得見別人的短處，看不見自己的，又因為『見人挑擔不吃力』的錯覺，認為自己一定做得比前人好，就會大肆改革。除弊是挖瘡，是負面建設。為政一定要先興利，讓人民有『得』，政事才推得動。政事上軌道後，弊端自然消失，這是『多行不義必自斃』，邪不勝正的道理，若不消失，再來除它不遲。沒有政績時就冒然下手，弊尚未除盡，自己先下台了，反而失去施展的機會，不可不慎。」

父親又說，大家都痛恨邪惡，所以除惡會討好民眾，但這不是首務，因為除惡不等於行善，只有興利建設老百姓才會全面受惠。邪惡就像身體內的腫瘤，當然必須開刀除去之，但身體若已久癆，則承受不起手術，堅持開刀會兩敗俱傷，可能連命都不保。所以要先等身體強了，再去毒瘤。而且身體的免疫力強了，腫瘤自己會縮小。把除弊的工夫和心力拿來興利，才有機會去實現抱負；做大事是要去開創新的局面，不是去收拾別人的舊尾。行善有如春園之草，不見其長，但日有所增，作惡如磨刀之石，不見其消，但日有所損。為政，尤其是教育，不可急功近利。

父親的話言猶在耳，看到現在台灣的政治，真是令人感嘆。幾乎所有的新官上任都不只三把火，都全盤否定前任所有的設施和計畫，造成新舊政之間的空窗期。又因為時間都花在召開除弊的記者會上，沒有時間作計畫和建設，所以颱風一來，黃泥汙水，滿目瘡痍，人民叫苦連天，悔不當初。這三把火究竟要燒到什麼時候才能燒完呢？真是興，百性苦，亡，百姓苦。

鄰居有飯吃，你的飯才吃得香

快樂很抽象，卻是每個人一生所追求的目標。二〇一六年三月，聯合國公布了一個「世界快樂報告」（World Happiness Report），用國民所得、平均壽命、社會支持、信任等作為評比指標，結果第一名的國家是丹麥，最後一名是東非的蒲隆地，美國在一百五十七個國家中排名第十三。今年評比較特殊的地方，是它多增加了一項「均樂」（happiness inequality）。

在貧富不均的國家裡，即使自己很有錢，也活得不快樂，因為怕別人眼紅來搶，心不安。心安是快樂的充分必要條件，心不安，山珍海味吃來也味同嚼蠟，只有當你的鄰居也有飯吃時，你的飯才吃得香。統治者向來都知道「不患寡而患不均」，不均會暴動，法國大革命就是一例。孟子說「獨樂樂不如眾樂樂」，其實眾不樂時，你也樂不起來。《簡愛》作者夏綠蒂・勃朗特（Charlotte Brontë）就說，「快樂必須分享，不然它會失去味道」。

在聯合國的「永續發展方案」中，台灣幸福排名第三十五，次於新加坡的二十二名與泰國的三十三名。台灣人現在比我小時候富裕多了，但還是有很多人懷舊，因為人際關係疏離，心靈空虛了。其實研究發現，要快樂很簡單，就是盡量「利他」（altruism），當我們幫助別人時，善行會活化大腦的愉悅中心，產生正向的神經傳導物質，我們也會從服務別人中看到自己的價值，這帶給我們自信。

有一回下大雨搭公車時，我看到司機下來冒雨推一個坐輪椅的老先生上車，他濕淋淋地回到座位後，車上響起一片掌聲。司機紅著臉，沒說話繼續開車，但我注意到一直到我下車，他的臉都是微笑的，而車上的氣氛好像也融洽了很多。

禮讓行人、替後來的人扶住門都是舉手之勞，但這就足以帶給別人和自己快樂。美國前總統傑佛遜（Thomas Jefferson）說，當蠟燭點燃另外一根蠟燭時，它沒有損失，房間卻變得更亮。

台灣現在有七十餘萬人在做志工，占十五歲以上人口的百分之三點六八，這就是台灣幸福的來源。每次從國外回來，都深深覺得住在台灣很幸福，就以機場的通關和領行李來說，我還不曾見過哪個國家比台灣更友善、更迅速的（包括新加坡在內）。我們只要多像那位公車司機一樣，多給人一個微笑，多幫助人一點，幸福就在你心中了。

人一定要惜福才會幸福。

下雨了，就去把傘打開

常有人抱怨桃園國際機場的服務不好，但是以通關和領取行李的速度來說，沒有一個國家比得上我們。就以我去馬來西亞為例，等待通關的長龍排到天邊，令人馬上想坐原飛機回台灣去算了，驗證的速度慢到我以為移民官在拍慢動作電影。正等得不耐煩時，有位美國太太趨前問我是否住過加州的河濱市？她說她是我兒子念小學三年級時的老師貝克太太。我很驚訝，離開加州二十年了，她居然還認得我。她說她一直記得我幫過她的忙。

六四之後，中國大陸的留學生開始出現在美國的大學校園。我兒子班上就有兩個中國大陸來的孩子，他們的媽媽跟校長說，孩子的語言不通，需要母親協助，所以幾乎每天都在教室裡伴讀。當貝克太太指定學生讀《草原上的小木屋》一系列的作品時，這兩個媽媽不以為然。她們認為這種書對孩子的智慧沒增益，因為書中所描述的生活和用到的詞彙已經過時了，她們希望老師教新的、現代化的東西。她們沒有先跟老師溝通就直接去找校長。美國的校長不干涉老師的教學，但是會轉達家長的意見。貝克太太非常困惑，她問我：「你們對教育的看法是什麼？難道不認為國家要的是一個自給自足、能克服困難、自立自強的好國民嗎？」

她說她每年都要學生讀一些人跟大自然搏鬥的好書，因為天有不測風雲，辛苦不一定會有收穫，就像好不容易熬過旱澇，正要收成時，蝗蟲過境，把玉米小麥啃得乾乾淨淨。她希望讓學生了解，人有時必須接受非自己之過的結果。碰到挫折時，不要怨天尤人，要逆來順受，像書中的主人翁一樣，擦乾眼淚，捲起袖子，播下新的種子。閱讀是最能讓孩子透過同理心，學會在逆境中求生存的方法之一，她鼓勵學生去模仿。

她拜託我用中國話去向那兩位媽媽解釋，她選這些書的理由。的確，世事不可能盡如人意，下雨了，就去把傘打開，不必抱怨為什麼下雨。遺憾的是，那兩位媽媽未能接受老師的理念，把孩子轉學走了。

這個小邂逅讓我沉思良久。二〇一六年台灣選出來的年度代表字是「苦」，現在世界如此混亂，我們不知道還要苦多久，但是我相信，一個沒有準備好接受挫折的孩子，是沒有明天的。

網路謠言滿天飛該如何解？

有位朋友不知怎的得罪了人，被人在網路上散布謠言中傷，讓她很痛苦。她知道不可理會，因為狗對你吠，你也對牠叫，人家不知道誰是狗。但是現在網路無遠弗屆，轉發的頻率多了，訊息變熟悉了，人的大腦喜歡熟悉的東西（如果不是真的，怎麼這麼多人在傳？），眾口鑠金後，假的也變成真的，即使跳到黃河也洗不清。古人的忠告說：止謗無辯也，謠言止於智者。但這在現代就行不通，我們該怎麼辦？

最近看到一篇文章覺得很好，它說若要治謠言的本，只有回頭去鞏固「真新聞」的價值。南美洲的哥倫比亞結束長達半世紀的內戰後，長期的戰爭造成人民對立，有心人便利用網路散布謠言、傳播仇恨訊息。眼看國家又要再度陷入分裂，這時有人跳出來說，只要是跟公共議題有關的新聞，傳給他們，他們無償替國民查真相。在每週的澄清請求中，竟有百分之六十的新聞是假新聞，可見當時的危急。但是真偽一辨後，謠言不攻自破，人心就穩定了。

清朝在洪楊之亂時，也有類似的情形。太平天國是在廣西舉兵，因此西南大亂，雲南的銅不能運到北京來鑄錢，腦筋動得快的商人，就囤積銅錢來獲利。市面上無錢可用時，就有人偷鑄成分不足的假銅錢來應付需求。一般老百姓無法分辨真偽，拿到假錢等於血本無歸，因此就沒有人敢做生意。沒有交易，民生就發生問題，餐館門可羅雀，小販無以為生，經濟一崩盤，天下就大亂了。這時，山西票號的掌櫃出來在自己舖門口擺張桌子，免費替老鄉驗真偽。這些掌櫃天天接觸銀錢，練得火眼金睛，一摸一看立辨真偽，因為真正的銅錢流通久了，上面的鑄紋會被磨平，很光滑，而新鑄的假錢溝紋還很新，行家一摸就曉得。當偽錢從真錢中被分出來以後，人們又敢用錢，市場又活絡起來了。所以只要有辦法辨出真偽，就不怕假新聞作亂，謠言就失去了它的破壞力。

其實，家裡沒有病人，牢裡沒有親人，外面沒有仇人，圈裡沒有小人，就是幸福，只是在網路時代，連這種幸福都難求。當有人因網路霸凌而尋短時，我們需要有人能挺身而出，設立查證平台，為社會的安寧和族群的團結做一些事。

假尊重，惹民怨又犯眾怒

滿叔是我父親這一輩在世的最後一個人，所以當他過百歲生日時，我們都回鄉去拜壽。

他看到我，馬上記得我是老師，就說：「你們做老師的，不要只注重人工智慧而忘記人的智慧，台灣現在的問題就在沒有用人的智慧，尤其是對人的尊重。各相責，天翻地覆；各自責，天清地寧。人道之不可違者為義，天道之不可爭者為命，命不可知，君子唯當以義安命……」我知道他指的是現在的年金改革，原本他還要繼續講，幸好堂哥過來餵他吃藥，解救了我。

回程時我在想，現代社會真的是缺少對人的尊重，先不講狗仔隊到處挖人隱私，我也常在演講快結束時，看到志工進來發回饋單。他們是想知道這個活動的成效，因為只問耕耘不問收穫是無效的，必須檢討收穫，才會知道耕耘的對不對。但是他們的走動會干擾講者和聽眾的專心，反而失去辦演講的目的。現在政府常有立意良好但惹出民怨的事，這問題就出在對人的不尊重上。

這時，開車的堂弟回頭問我及他的孩子：「你們要不要上廁所？」我們都說不必，但他仍把車開下交流道，叫我們去上，說憋尿會得膀胱炎。接著他又拿出水瓶來說：「天氣熱，你們要不要喝點水？」我們又搖頭，他卻倒了兩杯水要我們喝。他的孩子忍不住說：「爸爸，你要我做的事，你就明白告訴我，不要我表達了我的意願，你又不聽。你剛剛問我要不要上廁所、喝水，我已經告訴你我不要，你還是要我做，這不是很奇怪嗎？你究竟是真問還是假問？」

這孩子一針見血戳破了現在社會的假面具。很多人都以為尊重代表自己民主，所以凡事要「尊重」一下，但他並不是真的在乎，僅是口惠而已。不管對方說什麼，他反正是照他的意思做，因為權力在他手上。這就難怪最近老百姓天天要上街頭去抗議了。

尊重是民主政治的基礎——我不贊成你的看法，但我尊重你有表達意見的自由。現在雖然所有的議題都開了公聽會，但是開了等於白開，因為你講你的，我做我的，音波消失，船過水無痕。

顯然這個想一手遮天的假尊重方式，讓老人和小孩都一眼看穿了，只是點出了矛盾，有濟於事嗎？

曾經擁有，不如從來沒有

一個學生問：「老師，從來沒有得過，跟得到了又失去，在大腦裡有差別嗎？哪一個的遺憾比較少？」這是個哲學問題，我不知道答案，但我知道一個實驗。

研究者帶學生去老人院服務，每週一次，為期一學期。他把老人分成四組，第一組老人可以自己選擇學生來陪伴的時間；第二組不能，學生固定週三下午來陪老人下棋、念書給他聽，或推他去外面曬太陽；第三組是學生不定期來服務，平均一週有一次；第四組是控制組，沒有學生陪伴。

實驗者在學期之前和之間每週都替老人做各種心智、情緒和身體的測量。學期結束後，學生不再來了，但測量繼續。結果發現有學生陪伴的三組老人，在各種測量上都比沒有學生陪伴的好，但是學生不來後，他們的心智和身體狀態就下降了，下降的程度比實驗前的基準線還差，反而不如從來沒人服務過的第四組老人。

原來人都需要別人陪伴，有朋友互動時，人會活得很快樂、會長壽。一旦社會互動停止，失意會使他們的大腦功能萎縮，甚至比沒有互動前更差，這現象在老人和獨居者身上最強烈。擁有後再被剝奪是件很不幸的事，因為「曾經滄海難為水，除卻巫山不是雲」。因此，一個社會公益活動如果不能持續長久，一開始就不要做，因為不知道就不會想要，欲望和失望會傷害心靈更深。

我曾經引介山上的孩子來台北作城鄉交流，當時與他們交流的是一所富裕的私立小學。原以為這會增加偏鄉孩子的文化刺激，縮短城鄉差距，想不到老師告訴我，學生回到山上後心態很不平衡，因為看到有人的生活可以過得如此奢華，一頓牛排大餐是他們一個月的生活費。我的好意破壞了他們心中原有的平靜。

演化使大腦不喜歡失去的感覺，研究發現面臨小贏小輸和大贏大輸的選擇時，人會選擇前者，因為失去代表生存危機，擁有過而失去的痛苦比從來沒有過來得大。

我想到現在老百姓對年金改革的抗拒這麼劇烈，是否就是因為政府剝奪了他們曾經擁有的安全感，所以帶來的痛苦比以前沒有退休金制度時更大呢？這痛苦裡，應該還包含著對政府背信的憤怒，以及老無所終的恐懼吧？

打破玻璃天花板，要靠不認命

二〇一四年，我很榮幸參加了一個由女董事聯盟和台灣董事學會合辦的「女力新視界，讓世界更美好」座談會。在二十一世紀的現代，女性應該與男性有同樣的機會和權力，去伸展她們的抱負，因為她們擁有和男性一樣的工作能力，但事實上，台灣女性擔任董事長的比例很低，有個看不見的玻璃天花板擋在那裡。其實女性對情緒辨識的速度，比男性快了千分之二十秒，她們對表情的洞察力強，研究又發現有女性擔任董事的大型企業，其平均年報酬率比全男董事的企業高了百分之二十六，股東權益報酬與股價淨值比（P/B）也高出百分之三十三。那麼為什麼女性還是上不了高階的董事職位呢？這是一個耐人尋味的好問題，值得探討。

論壇請了亞都飯店前總裁嚴長壽，從老闆的角度來看女性在職場競爭的優劣；台北一〇一前董事長宋文琪從她親身經驗來談女性在職場的限制；我從大腦來看男女性別的差異在哪裡。

座談那天來了很多人，出乎我意料之外。我很高興，因為參與是改變的第一步。我想起以前加州大學一個女同事，很努力地替希拉蕊拉票，她說她母親出生時，美國的婦女還沒有投票權，她要在她母親離世前，看到女性入主白宮作總統。

大腦的研究發現，女性絕對沒有比男性笨，兩者只有專長不同而已。所謂的平等，應該是每個人去做每個人擅長的事，不管這個事是什麼。法律要保障的，是同工同酬和同樣的機會。嚴總裁說，女性在服務業尤其是優勢，因為女性任勞任怨，細心又體貼，而且女性比較忠誠，他沒有看到任何不如男性的地方。他基金會的三個副執行長都是女性。

女生在學校的功課通常比男生好，考進公司時，名次也在男生前面，但升遷時，老闆會考慮男生，這原因有部分是社會對女性不自覺的壓抑，就像同樣一句話，男生講是豪氣，女生講是辛辣。華人父母本來就不鼓勵孩子出鋒頭，總是告誡「槍打出頭鳥」，辛辣的女強人更沒人敢娶作媳婦。所以女性一般不會主動去爭取自己的權益，也比較沒有自信心。宋董事長認為不必這樣，如果這件事對大我有利，而我有把握做得好，為什麼不去爭取？你不展現你的能力，別人怎麼知道你有能力，可以升遷你？

職場的態度很重要，美國大選時，歐巴馬用「Yes, we can.」成功打進白宮。事情是要去做了，才會知道行不行，空口說白話就像蒙古諺語——「言語殺死的獵物搬不上馬，嘴巴殺死的獵物剝不了皮。」人只有透過實做才有感動；有感動才會內化成觀念，在行為中表現出來。

女性第一要了解自己沒有比男性差，找到自己的長處後，勇敢的去追求，不要管別人閒話。諾貝爾物理獎得主費曼（Richard Feynman）曾經寫過一本書《你管別人怎麼想？》（*What do you care what other people think?*），連他都會有人講閒話，你又在乎什麼？

女性只要告訴自己「Yes, I can.」，然後捲起袖子去做就對了。女生要在歷史包袱重擔下打造出自己的天地，只有一個要領，就是「不認命」！

我們為什麼愈來愈會說謊？

美國新英格蘭大學的教授史密斯（David Livingstone Smith）在*Why We Lie*一書中表示，說謊其實沒有好壞之分，它是一個超越法律和道德的求生本能。但是最近英國的研究者發現，欺騙會改變大腦的敏感度，使大腦逐漸接受不誠實的行為，當習以為常，人不再受到良心的譴責時，就什麼壞事都幹得出來了。所以世界上幾乎所有的民族都重視誠實，所有的文化都不允許說謊。

英國這個實驗掃瞄了八十名大學生，在說各種程度謊言時的大腦情形，結果發現謊說得愈大，掌管負面情緒的杏仁核活化得愈少，對騙的敏感度愈低。研究者甚至可以從杏仁核活化減少的程度，預測出這個人下次的騙有多大。難怪謊話說了一千遍會變成真，因為連大腦都失去分辨的能力了。

其實大腦是不喜歡說謊的。有個實驗是先請學生聞一下氨水，由於味道很刺鼻，他的眉頭一定會皺起來。這時掃瞄他的大腦就能找到他的厭惡中心（disgust center）。然後給他看撲克牌，請他大聲念出來，只是看到黑桃十時要念紅心三。也就是說，要他說謊，但這謊言不會傷到他的品格。結果，單就這一點點的謊，他大腦的厭惡中心就活化起來了，表示人其實是不願說謊的，所以人性應該是本善。

當第一次騙人時，大腦會產生罪惡感，負面情緒的杏仁核會活化，愧疚之心會出來。但騙久了，罪惡感麻痺了，杏仁核的活化就小了，就不再有羞慚之心了。就像第一次聞香水，覺得香味很濃，聞久了就聞不到了。更可怕的是，說謊是個很陡的滑坡（slippery slop），一旦開始往下滑後，就止不住，一瀉千里了。英國哲學家斯賓賽（Herbert Spencer）說得好，因為做了壞事，所以必須說謊，因為說了謊，就會毫不在意的去做壞事，它是個惡性循環。

這實驗點出一個可怕的訊息——一旦大腦對謊言的敏感度消失，人就可以指鹿為馬，信口開河，說話不負責任；當一個社會開始容忍謊言後，這個社會就會變成一個沒有真相的社會，人的生活品質也就趨零了。研究者說，要阻止謊言唯一的方式，便是零容忍，即使不重要的事也不容忍說謊，才能杜絕在重大事情時的欺騙。想到台灣現在政治的情形，我們能不心生警惕嗎？

為什麼人會盲從？

人喜歡從眾，馬克．吐溫曾說：「人不喜歡花時間和精力去思考，他並不想去研究或深思以構成自己的獨立意見，只是急於知道鄰居的看法，然後盲目跟從。」這是因為思考要用到大腦資源，而大腦的資源有限，凡是跟自己沒有利害關係之事，便不肯好好去思考，反正人不可能都是傻瓜，跟著大多數人做應該不會錯。所以一個人站在街頭仰頭看天，別人匆匆走過，不理會他；兩個人抬頭看天，別人可能覺得奇怪，但不會停下腳步；當三個人都抬頭看天時，別人就停下來，也看一下天上究竟有什麼好東西。這是心理學上一個很有名的實驗。

其實，連小孩子都會利用這招去說服大人——「班上大部分同學的媽媽都肯……」父母聽到大多數的家長肯了，也就鬆口讓自己的孩子去做了。所以廣告界的人知道，如果只說這個產品有多好，效果不大，若說百分之七十的牙醫生都用某牌牙膏，消費者會想，既然牙醫生都用這個牙膏，跟著用大概不會錯吧？所以廣告喜歡找名人代言，再添上個百分比來推銷產品。

現在旅館業競爭激烈，豪華的浴室是吸引住客的重點之一，因此旅館的浴巾愈來愈大條，也愈來愈軟厚。這種浴巾洗起來很耗能源，所以旅館浴室中都會有一張小卡片提醒住客，「為了珍惜地球資源，如果您想重複使用這條浴巾，請把它掛起來」。業者發現這個說法效用不大，客人還是用完毛巾，隨手丟地上。後來業者把卡片改為「珍惜地球資源，住這個房間的客人百分之七十都會重複使用浴巾」。一般客人不會去追究這數字是怎麼來的，但是數字只要進入大腦，就會立刻產生比較作用：原來住得起這個房間的客人是這樣做，我也是愛護地球的高級客人，就不自覺地把毛巾掛起來了。人的大腦會一直不停做比較，所以叫父母不要把孩子跟別人比很困難，民調對選舉有棄保的作用，道理也在此。

政治是管理眾人之事，民主是少數服從多數的方式（少數人的大聲音不代表大多數人的小聲音），既然人會從眾，大腦又有小器自私的毛病，那麼有能力、肯思考的精英就要挺身而出，用正確、有前瞻性的輿論去引導社會前進，天下興亡，匹夫是有責任的。

社會人文 BGB456

靜下來，才知道人生要什麼

作者 — 洪蘭

總編輯 — 吳佩穎
責任編輯 — 賴仕豪
封面設計 — 江儀玲（特約）
封面攝影 — 廖志豪

出版者 — 遠見天下文化出版股份有限公司
創辦人 — 高希均、王力行
遠見・天下文化 事業群董事長 — 高希均
事業群發行人／CEO — 王力行
天下文化社長 — 林天來
天下文化總經理 — 林芳燕
國際事務開發部兼版權中心總監 — 潘欣
法律顧問 — 理律法律事務所陳長文律師
著作權顧問 — 魏啟翔律師
地址 — 台北市 104 松江路 93 巷 1 號 2 樓
讀者服務專線 — 02-2662-0012
傳真 — 02-2662-0007, 02-2662-0009
電子郵件信箱 — cwpc@cwgv.com.tw
直接郵撥帳號 — 1326703-6 號　遠見天下文化出版股份有限公司

電腦排版 — 極翔企業有限公司
製版廠 — 東豪印刷事業有限公司
印刷廠 — 祥峰印刷事業有限公司
裝訂廠 — 聿成裝訂股份有限公司
登記證 — 局版台業字第 2517 號
總經銷 — 大和書報圖書股份有限公司　電話／(02)8990-2588
出版日期 — 2018/07/31 第一版第 1 次印行
2023/02/22 第一版第 20 次印行

定價 — NT 400 元
ISBN — 978-986-479-479-9
書號 — BGB456
天下文化官網 — bookzone.cwgv.com.tw

國家圖書館出版品預行編目(CIP)資料

靜下來,才知道人生要什麼 / 洪蘭著. -- 第一版. -- 臺北市 : 遠見天下文化, 2018.07
面；　公分. -- (社會人文 ; BGB456)
ISBN 978-986-479-479-9(平裝)

1.人生哲學 2.修身

191.9　　107007597